传播学十二讲

成振珂◎著

WELVE LECTURES ON COMMUNICATION

新世界出版社
NEW WORLD PRESS

图书在版编目（C I P）数据

传播学十二讲 / 成振珂著. -- 北京：新世界出版社，2015.11

ISBN 978-7-5104-5472-1

I. ①传… II. ①成… III. ①传播学 IV. ①G206

中国版本图书馆CIP数据核字（2015）第271745号

传播学十二讲

作　　者： 成振珂
责任编辑： 王正斌
责任印制： 李一鸣　郑珊珊
出版发行： 新世界出版社
社　　址： 北京市西城区百万庄大街 24 号（100037）
发 行 部：（010）6899 5968　（010）6899 8733（传真）
总 编 室：（010）6899 5424　（010）6832 6679（传真）
http://www.nwp.cn
http://www.newworld-press.com
版 权 部： +8610 6899 6306
版权部电子信箱： frank@nwp.com.cn
印　　刷： 北京中印联印务有限公司
经　　销： 新华书店
开　　本： 787 × 1092　1/32
字　　数： 200 千字　印张：13
版　　次： 2016 年 3 月第 1 版　2016 年 3 月第 1 次印刷
书　　号： ISBN 978-7-5104-5472-1
定　　价： 39.00 元

前 言
PREFACE

夜深人静，窗外不时传来呼啸的风声，偶尔，风还会从窗缝里挤进来，如果恰好吹到身上会禁不住打一个寒战。

不仅如此，白天大街上人们都已经穿上了厚厚的冬装，电视上也报道着不同地方的供暖情况，网络上随处可见各种各样的取暖方式、技巧的介绍，商场里也有各式各样的供暖设备在销售，就连微信朋友圈中大家的签名也都已经换了：亲，天气易变，注意保暖……

这一切都在传递一个消息：冬，已经来了！

我们处在一个信息爆炸的年代，每天从电视、报纸、杂志、微信、网络等各种媒体上传来的消息把我们的生活填得满满的，但是，说到“传播”或者“传播学”这两个词，很多人却感到甚是陌生，或者说像是雾里看花、水中望月一样朦朦胧胧，似明白非明白。其实，传播就在我们的身边，只是我们从来都不知道。基于此，为了让更多的人了解“传播”，了解“传播学”，我们着手编著了这本书，向大家揭开几乎渗透到我们生活中每一个细节的传播的神秘面纱。

在本书中，我们将传播学所涉及的内容划分为十二个部分，一层层向读者揭示传播和传播学的真谛、历史、故事以及规律。第一讲从最常见的传播现象入手，揭示了传播和传播学的含义、研究对象以及历史变迁。其实，传播很常见，比方说当你打开这本书，开始阅读的时候，我和你之间的传播就开始了！其实人与人之间的交谈就是一种最常见的传播方式。第二讲从信息的符号与意义谈起，生动有趣地分析了符号的分类以及符号在传播过程中的功能和意义。第三讲勾勒了传播过程，分解了构成传播过程的几个要素，并解析了常见的传播过程模式。第四讲解释了传播的方式，分两部分讲述了人内传播和人际传播产生的过程、特点以及引发的相关媒介效应。第五讲讲述的是传播的另一种方式——大众传播，从含义入手讲述大众传播的特点、功能以及发展过程。详细介绍了三种影响广泛又非常有趣的大众传播效果研究理论——沉默的螺旋、培养理论和知沟理论。

第六讲介绍了传递信息的媒介，从媒介的概念入手，介绍了不同人对媒介的理解，以及几种有趣的媒介研究，比方说麦克卢汉的媒介理论、斯蒂芬森的媒介游戏论、麦库姆斯的媒介议程设置功能等。第七讲讲述媒介并非绝对自由，其实有一个把关的过程，从媒介控制入手，详细介绍了几种常见的媒介规范理论并详细介绍了媒介传播过程中的把关研究。第八讲从受众的认识入手，介绍了几种常见的受众观，非常态下的受众传播机制以及受众的从众研究，详细介绍了一种受众行为理论——使用与满足。

第九讲从传播效果分析入手，详细介绍了传播效果的不同层面以及常见的传播效果与技巧。第十讲从三个方面介绍了传播学的研究者们，第一部分介绍了七位对传播学早期学术思想有影响的人物，称之为传播学早期学术思想源流；第二部分详细介绍了对传播学学科建设做出巨大贡献的传播学“四大先驱”；第三部分专门介绍了传播学的集大成者——施拉姆，最后又分别介绍了传播学的两大学派。

随着科技的发展，新媒体如雨后春笋般不断出现，传播学者对新媒体的研究也与时俱进，我们划分了两个部分来介绍。第十一讲讲述博客传播，解析了什么是博客传播、博客的传播特性、传播的模式、意义以及应用和凸现出的问题。第十二讲讲述了当前最流行的微传播，分为两个部分详细介绍了微时代的微博和微信传播。

在我们的生活中，传递信息的方式是多种多样的，但是，每个人喜欢的方式并不相同，比方说有的人喜欢打电话，有的人喜欢发微信，有的人喜欢直接面对面的沟通，这是为什么呢？有的人喜欢看电视，有的人喜欢听广播，有的人喜欢上网，这又是为什么呢？有的人上网是为了工作，有的人上网是为了游戏，有的人上网已经成瘾，自己都不清楚为了什么。同样是上网，怎么会有这么多的不同目的呢？而诸如此类的问题正是传播学的研究对象。当然，在《传播学十二讲》中你可以尝试找到自己的答案。

怎么样？你想知道答案吗？那就打开书，开启你奇妙的传播之旅吧！

编者

2014年12月

目 录

CONTENTS

第一讲 看似简单却牵连广泛——传播与传播学

第二讲 传播的基因，信息的载体——符号与意义

第三讲 交流信息、互动有方——传播过程

第四讲 找到共同话题——人际传播

第五讲 一对多，自由而负责——大众传播

第十一讲 网世界，博天下——透视博客传播

第十二讲 微时代，大变革——轻松玩转微传播

传播学十二讲

Communication Science

第一讲

看似简单却牵连广泛
——传播与传播学

一、追溯人类传播的踪迹

一说到传播，很多人会感觉很高深、很神秘。其实，传播现象在我们的日常生活中随处可见，只是，很多人并没有意识到而已。早上醒来，手指轻轻一动，在朋友圈转发了一张照片；在网上看到了某个明星的新闻，迫不及待地打电话和好友分享……这些行为都是传播。此外，传播是自然界和人类社会的普遍现象，凡有物种和生命的地方都有传播。

1. 动物世界的传播现象

传播是世界上的一种普遍现象，并不是人类独有。从沟通和交流的角度来看，动物世界也有传播现象，比如，“几处早莺争暖树，谁家新燕啄春泥”，“竹外桃花三两枝，春江水暖鸭先知”。这些诗句描写的是动物世界的传播现象。其实，如果是在农村，很容易就会发现这样一种现象：夜间，如果一只鸡鸣叫了，全村的鸡就都会跟着鸣叫。这就是鸡与鸡之间在传播一种信息。

动物世界的信息传播现象是丰富多彩的。几乎每一种动物都有自己独特的信息传播方式，而且这种独特的信息传播方式与它们的生活、繁殖、生存等密切相关。动物世界常见的信息传播方式主要有以下几种：

●通过气味传播信息

有些动物能够分泌出一种与众不同的气味，它们通过这种特殊的气味和同类进行信息沟通，达到区别同类、寻觅、选择食物、划分领地、留下标记甚至识别天敌的目的。例如，我们常会见到狗的一种行为：经常边走边尿。这是为了留下气味，作为它回来时的标志。

狼是一个狠角色，见到猎物不会轻易放过，不过，狼在追捕猎物的过程中，有时会突然停下来，眼睁睁地看着猎物逃之夭夭。这并不是狼发善心放过了猎物，而是它闻到了其他狼群留下的警告气味，这里已经是其他狼群的领地了，它就只能止步了。

●通过发光传播信息

有些动物可以通过发光传递信息。大家最熟悉是萤火虫在夏天的夜晚发光的现象了。萤火虫发光是求偶的行为，雌性萤火虫发出微弱的光蛰伏在草从中，雄虫发现后，会用一种兴奋的明亮的闪光来示好，等待着雌虫发光的变化，随后确定自己求偶有多大的把握。另外，萤火虫的幼虫可以通过发光起到震慑捕食者的作用。

●通过动作、姿势传播信息

有些动物是通过动作和姿势来传递信息的，不仅如此，它们还能传达含义丰富的信息。工蜂的舞蹈就是其中最典型的一种。这种舞蹈可以告诉其他工蜂蜜源的方向及距离。蜜源很近时，它跳的是圆圈舞，也就是在圆圈内做圆形爬动；蜜源较远时，它就跳“8”字形摆尾舞，边爬动边摆尾并配以直线运动。一般摆尾的直线与蜂箱垂直线的角度指示的是蜜源与太阳的角度，如果摆尾直线是向上的，就表示蜜源是面向太阳的；如果垂直线是向下的，则表示蜜源是背离太阳的。摆尾频率则表示蜜源的远近，同时，配合声音和气味就能准确地找出蜜源的位置。

在繁殖期，兽类的姿态语言也是十分丰富的，并传达着丰富的信息。它们会竭尽全力向异性表达“爱意”，同时向同性进行“示威和恐吓”，以达到保护其领地及配偶的目的。

●通过声音传播信息

有很多的动物都是通过声音传播信息的。有些动物能够自己发出声音，最常见的就是鸟类，“鸟语花香”这个成语似乎也说明了这一点。鸟儿的“语言”既是同类之间沟通的信号，也是警戒的信号、求偶的“情歌”。兽类中的犬吠、马嘶、狼嚎、虎啸、狮吼、猿啼都是走兽的“语言”，它们表达的意思有警告、求偶、恐吓等。

有些动物是利用身体各部摩擦或与其他物体接触发声，这主要涉及的是一些昆虫，由于昆虫本身没有专门的发声器官，所以会借助其他方式发声，黄蜂巢受袭击时，警戒蜂则撞击巢侧壁示警，而蜜蜂、苍蝇、蚊子等靠翅膀上下扇动振动空气发出嗡嗡的声音。

2. 如影随形的人类传播现象

说到人类传播现象，我们每个人应该都不陌生。不仅如此，人类传播现象还如影随形般充斥在我们生活的每一寸空间：和人说话是传播，上网看新闻是传播，发手机短信、微博、微信是传播，甚至一个人悄悄地想想心事都是传播。

当然，人类传播在本质上不同于动物传播。首先，动物的信息传播行为多是先天的一种本能，不是经过后天的系统学习得到的。其次，动物传递和接受信息是基于条件反射，而人类传播还伴有复杂的精神和思维活动。因此，人类传播现象就更加多样复杂了。为了清楚地认识人类传播，我们需要给人类传播现象分分类。

● 自我传播

一说传播，很多人似乎已经假定了是人与人之间进行的。其实，一个人自身也能够进行自我传播。自我传播又称人内传播，指的是个人接受外部信息并在人体内部进行信息处理的活动。李白的诗句“举头望明月，低头思故乡”就恰当地描绘了自我传播的情形。中国共产党有一项优良的传统“批评和自我批评”，这个自我批评就是自我传播的过程。

● 人际传播

人际传播，顾名思义就是人与人之间的信息交流，当然，可能是两个人也可能是多个人。这是社会生活中最直观、最常见、最丰富的传播现象。两人之间的面对面谈话、网上聊天、互通邮件、打电话等都是人际传播。人际传播反映了社会生活的多样性。因此，它的场景也很丰富多彩，有的是朋友间的互诉衷肠，有的是情侣间的卿卿我我，有的是长辈对晚辈的语重心长，还有的是剑拔弩张的争吵等。

●组织传播

简单地说，组织传播就是有组织、有安排地对一群人传播，如开会时领导讲话，课堂上教师授课，发表演讲等。

●大众传播

大众传播就是通过大众媒介对成千上万的人进行传播。我们每天听广播、看电视、看网页等，都是在接受大众传播。由于大众传播媒介的特性，其传播速度是惊人的，“一有风吹草动，顷刻满城风雨”说的大概就是大众传播的情形。

3. 人类传播的演变——从口语交际到电子传播

人类传播是动物传播的进化与发展。对进化起决定作用的是语言。在人类开口说话之前，人类传播和动物传播并没有本质区别，基本上也都是通过吼叫、动作或者简单的发音来传递信息。

语言的产生揭开了人类传播的新篇章，实现了从动物传播到人类传播的飞跃，从此，人类传播摆脱了动物传播的状态。当然，从人类开口说话到今天的信息社会，人类传播经历了一个漫长的发展过程。正如打电话需要手机一样，传播也需要借助一定的媒介、手段或工具才能进行，我们不妨根据媒介的发展来划分人类传播的阶段。

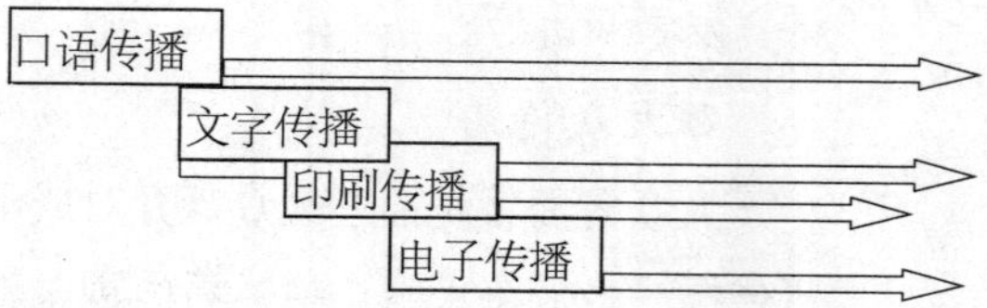

图 1-1 人类传播演变历程

●口语传播时代

人类传播使用的第一媒介就是口语，口语传播也是人类传播的第一个阶段。这个阶段从人类开口说话到人类开始用手写字。这是一个漫长的阶段。F. 威廉斯曾经绘制了一个传播史表盘，用来描绘人类传播各个阶段所占时间的比例，其中，口语传播阶段占了 5/6。

当然，从发声到语言的产生也经历了一个十分漫长的过程，但是，人类究竟是在什么时候开口说了第一句话，至今都没有确切的答案，而且，也没有太大可能得到确切的答案了。就像德国的一位哲学家曾经说过的那样，要是企图追问语言起源于何时，就等同于追问儿童是在什么时候第一次认出了自己的母亲，这是一个没有答案的问题。但是，有一点是明确的，那就是从此之后，人类有了第一个所谓的传媒媒介——就是我们前面所说的人与人之间交流所要借助的工具或手段、所要采用的方式与方法。

口语是人类最便利、最通用的传播媒介，其重要性绝不亚于我们今天的网络和微信。对此，只要设想一下手机里没有声音、视频上没有声音会如何就清楚了。口语还是最基本的媒介，是独立的、自主的，其他媒介都是口语媒介的变形与延伸。如广播，只不过是口语换了一种方式在表达，将要说的话通过无线电波传给更多的人去听。当然这也同时暴露了口语传播的局限性。首先，口语自身传播的距离有限；其次，口语随说随逝，离开了人类的记忆便无迹可寻。因此，随着人类文明的发展，新媒介的诞生就顺理成章了。

●文字传播时代

文字传播是人类传播的第二个阶段，文字是人类传播的第二个媒介。语言的产生让人类脱离了动物世界，文字的发明则让人类走向了文明。作为媒介，文字的功能也是显著的，它使得信息在时间和空间上都得到延伸。也就是说把要说的话用文字写在纸上可以传递到远方，也可以传给后代。

从“书画同源”的说法，可以知道文字起源于绘画，如象形字。我们以收藏在安阳中国文字博物馆的象形字“鹿”为例（如图 1–2 所示），象形字的“鹿”与其说是字，不如说是一幅画，画的是一头活蹦乱跳的小鹿。

图 1–2 象形字“鹿”

上面我们看到的这个象形字“鹿”，表示的是具体的事物。慢慢地这些图画开始表达一些抽象的概念了，如“射”的象形字是一个带箭的弓（如图 1–3 所示），这个“带箭的弓”不仅表示“射”，还表示战争的意思。其实这时，这幅“带箭的弓”的图画已经从图画变为了抽象的符号，成为了负载信息的传播媒介——文字。其作用就像我们看到

“河”这个字，只会想到河流之类的意思，而不会去想它原来具有的河的形状。

图 1–3 象形字“射”

●印刷传播时代

印刷时代的开始，不像语言的出现那样无迹可寻，它是随着印刷媒介的形成而开始的，并且一直延续到了广播的出现。这是人类传播的第三个阶段，在此之前，人类经历了一个漫长的手抄传播阶段。手抄传播效率低、规模小、成本高、不便于携带。这从东方朔上书可见一斑。汉武帝即位以后，征召天下贤良，各地人才纷纷上书自荐。东方朔也拉着自己写的“书”——三千片竹简去自荐，雇用了两个大力士仍然没能将这本“书”搬上金殿。

一般来说，印刷媒介包含两层含义：一是印刷术，二是印刷品。它的实现需要纸张和印刷，这两者是中华民族为世界文明做出的两大贡献。但是，将印刷术和印刷品完全契合起来是在西方文艺复兴之后，而印刷机的出现则迎来了近代报刊的诞生。伴随着读写能力的普及，印刷媒介开始在社会生活和变革中扮演越来越重要的角色。

●电子传播时代

电子传播时代是人类传播活动的第四个阶段，如果说印刷传播实现了文字信息的大量生产和大量复制，那么，电子传播最主要的贡献之一就是实现了信息的远距离快速传输。随着世界上第一份电报成功发送，第一段海底电缆宣告竣工，人类传播迈入了接近于实时传播速度的远距离信息传递时代。

这类传播在空间距离上、传播速度上都突破了电子媒介，尤其是随着摄影、录音和录像技术的出现，人类不仅能大量复制并传播声音和影像信息，而且还能做好这些资料的保存工作。如我们今天所进行的考古，只能根据文字记录或考古发现进行一些合理的想象或者推测，而千百年后，我们的后代再来研究我们这个时代时，则可以直接聆听，甚至可以直接观察我们的音容笑貌。

不仅如此，电子技术的发展还推动了计算机的诞生，人造卫星的发射，以及我们今天广泛运用的博客、微博、微信等。科技的发展推动人类传播活动向着更加丰富多彩的方向前进。

二、从传播看传播学

传播学是20世纪出现的一门新学科，与新闻学、社会学、心理学、政治学、信息论、控制论等学科有着千丝万缕的联系。当然，传播学的源头还在传播这一概念上，正所谓“问渠那得清如许，为有源头活水来”。要弄清楚传播学，首先要从传播这一源头说起。

1. 传播与信息

在日常生活中，尽管传播与我们如影随形、处处相伴，似乎每个人心里都明白传播是怎么回事，然而，一旦有人问起来，才发现要明确地解释传播并不是那么简单的。其实，很多事物都是这样，越是司空见惯越是难以界定。那么，究竟什么是传播呢?

正如许多理论用语都是由日常用语演变而来的一样，传播一词也不例外。传播是由英语单词翻译来的。其实，“传播”一词并不能精准地表达“communication”的含义，甚至可以说不相符合。在19世纪末，这个词已经成为了日常用语，它的含义有十几种，包括“通信”“交流”“交通”“参与”等。由这些日常用语可知，“传播”一词要表达的是一个双方互动的过程。在汉语中传播仅仅意味着从一方到另一方，并没有体现双向流通的意思。

因此，有人为了准确翻译英文的communication，也曾经尝试使用我们上面提到的一些日常用语，如“交流”“交通”等，结果并不尽如人意。比如，交流固然有明确的双向流通的意味，但是意义很宽泛，除了有信息的交流这一意思之外，还可在物质交流、人才交流、文化交流等层面使用。再如，交通一词如果从字面意思即交相流通上看，自然是再合适不过的，遗憾的是它在汉语中的用法早已固定，提到交通只会使人联想到汽车、火车、飞机、轮船、公路、铁路、运河等事物，而绝想不到信息传播。

那么，“传播”一词是何时被当作理论用语的呢？解答这个问题还需要进一步的考证。不过，最晚在20世纪初就有学者将“传播”作为学术考察的对象了，美国社会学家库利在其著作《社会组织》中，专门设有一章论述传播，还为传播下了一个定义：“传播指的是人与人关系赖以成立和发展的机制——包括一切精神象征及其在空间中得到传递、在时间上得到保存的手段。它包括表情、态度和动作、声调、语言、文章、印刷品、铁路、电报、电话以及人类征服空间和时间的其他任何最新成果。”

库利是社会互动理论的创始人，在他给传播下的定义中也着重强调了传播在人际关系方面发挥的作用。此外，还进一步强调了传播得以进行的介质，传播进行的手段，如表情、动作、态度等。

此后，还有不少学者以自己对传播的理解，给传播下了定义。传播学者奥斯古德等人这样定义传播：“从最普通的意义上来说，传播是一个系统，通过操纵可选择的符号去影响另一个系统，这些符号能够通过连接它们的信道得到传播。”

奥斯古德强调了传播的过程性，描述了传播过程要经历的几个环节，确实，传播本身就是一个过程。一个完整的传播过程包括信息的源头、信息、信息流通渠道、信息的归宿等几个要素，缺少其中任何一个要素，传播都无法进行。也就是说，传播总是先由某个信源发出某种信息，这个信息经过中间渠道的运送到达信宿，之后被信宿接受。与此同时，信宿也可能作为信源发出信息，经过信道返回信源，这个过程就是互动过程，也就是所谓的双向传播。这样一来，传播看上去就像是一场有来有往的交换。

从上面的分析可以看出，传播实质上是一种社会互动行为。那么，这种互动行为是由什么引起的呢？这一令人纠结的问题，随着信息科学的出现迎刃而解。解题的关键是信息概念的提出。信息科学认为人与人之间社会互动的介质是信息。那么，究竟什么是信息呢？简而言之，一切“反映”事物内部和外部互动状态或关系的东西都是信息。自然界的鸟语花香、刮风下雨，以及人类社会的语言交流、发微博、微信互动等都包含信息。但是，并不是所有的信息都是传播学考察的对象，作为一门社会科学，它所关注的始终都是人类的社会信息及其传播活动。

很显然，引入信息的概念之后，传播的定义就更加简洁和确切了。简单地说，所谓的传播就是社会信息的传递或社会信息系统的运行。

2. 信息社会与信息传播

信息社会这个词，对生活在今天的现代人来说并不陌生，几乎每一个现代人每天的生活都被各种各样的信息包围着：早上尚未醒来，手机里面已有各种短信、微信发来；走在路上随处可见各种发布信息的广告、条幅、音频、视频等。

那么，究竟什么才是信息社会呢？一般来说，信息社会是指“信息成为与物质和能源同等重要甚至更加重要的资源，整个社会的政治、经济和文化以信息为核心价值而得到发展的社会”。通俗地讲，信息社会就是信息贯穿在整个社会中并和人们的生产、生活息息相关。

信息社会是随着传播媒介的不断丰富和体外化信息系统的发达使得信息和信息传播在社会发展中的作用不断强大而出现的。在信息社会，随着媒介的发达，社会的信息量按指数函数的速度迅速增加。美国学者弗莱德里克曾经对由于媒介的发达带来的信息量的增加做过这样的推算：

如果以公元元年人类掌握的信息量为单位 1 来计算，那么，信息量的第一次倍增，花费了 1500 年；第二次倍增，花费了 250 年；第三次倍增，花费了 150 年；进入 20 世纪后的第四次信息量倍增，所需时间进一步缩短为 50 年。其后，倍增速度骤然加快，在 50 年代，10 年内就实现了倍增；

在60年代和70年代，时间周期进一步缩短为7年和5年。根据现在的推算，人类社会的信息量倍增的时间仅仅需要18个月至5年的时间。

这个速度是惊人的，我们每一个人都能感受到。在20世纪60年代末至70年代，信息社会的概念最早在美国等发达国家提出来。随后，有不少学者进行分析论述，使“信息社会”在全球范围产生普遍影响的是贝尔的《后工业社会的到来》以及托夫勒的《第三次浪潮》。现如今，我们都处于信息包围的社会。

3. 传播学的性质及研究对象

我们前面介绍了发生在生命世界里的传播现象，主要有两大类：动物传播和人类传播。传播学研究的只是其中的一类——人类传播（社会传播），一般简称为传播。传播学作为一门新兴的边缘学科，尽管与新闻学、社会学、社会心理学、心理学、文化人类学、政治学、信息论、系统论、控制论等诸多科学都有着千丝万缕的联系，但是，传播学毕竟已经从诸多社会科学中脱胎而出，成为了一门相对独立的学科。因此，传播学必须具有独立明确的研究对象。那么，传播学的研究对象又是什么呢？

我们可以从传播学的定义寻找一下答案。所谓传播学，简单来说就是研究社会信息系统及其规律的科学。由此可以看出，传播学研究的是社会信息系统及其规律，因此，简单地说社会信息系统及其规律就是传播学的研究对象。

我们通常所说的传播学是个总的学科名称，其实，传播学的很多研究者是一些带着不同学术背景、抱有不同的课题目标的学者。他们从各自的角度、研究领域去探索传播问题，形成了传播学的分科领域——大众传播学、文化传播学、广告传播学、新闻传播学等，十分繁荣。尽管如此，在传播学包罗万象的研究领域之中，大众传播始终居于主流位置。很多时候，传播学和大众传播学说的都是一个学科、一回事情，很多人在说传播学的时候也都是指的大众传播学。事实上，正是由于大众传播的兴起才促使人们开始关注传播现象，越来越多的人对传播学研究产生了兴趣，也为传播学的最终形成准备了背景条件。

我们知道，社会科学分为两大类，一类是理论性的，一类是应用性的。前者包括政治学、经济学、社会学等，后者包括法律学、新闻学、外交学等。那么，作为社会科学的传播学，到底是理论性的还是应用性的呢？这个问题至今尚难断定，因为传播学本身研究内容具有双重性，正如研究传播学的两个学派——管理学派和批判学派一样，一个注重实践性，一个从理论的角度关注。但是，从总体上看，传播学更偏向理论性的一面。

由于传播学的研究者很多都是“杂牌军”，也就是说他们主要是从事其他学科研究的，只是把研究传播当成学术上的敲门砖，一旦达成了自己的目的，就不再关注传播的研究了。有的干脆将传播学纳入自己原本所述的学科，使传播学研究成为其中的一部分。对于这种情况，传播学的集大成者施拉姆曾经将他们比喻为学术领域的“十字路口”和“租界”。鉴于传播学的这种研究情况，其作为一门科学还很粗糙，许多概念和范畴不明确，一些理论还不成熟和完备。1978 年，英国学者戈尔丁和默多克就断然宣称没有必要建立专门的传播学。

无论如何，传播学还是在学科之林中确立了自己的独立地位。当今，有关传播学的研究更是在世界各地热火朝天地进行着，其中，有不少研究者不再仅仅将其当作学术的“租界”，而是开始着手“打桩绘图”，准备构筑传播学大厦。当然，传播学大厦的构建，需要更多的有志之士加入。

现今社会，各种新媒介不断涌现，其惊人效果也一再挑战人们对媒介的理解。当然，这些都给传播学研究提供了新鲜有趣的课题，相信随着时间的流逝，传播学终将成为一门蔚为壮观的显学。

三、传播学研究的演变

正如俗语“十年树木，百年树人”，传播学也经历了多年积累才形成一门独立的学科。现在，它逐渐繁荣并不断向前发展。

1. 孕育传播学的外部条件

传播学大致孕育于 20 世纪上半叶，形成于 20 世纪下半叶。我国则推迟到 20 世纪 80 年代初期。正如诗文“不知细叶谁裁出，二月春风似剪刀”所说，传播学的问世也一样，既需要充足的内部依据，也需要适宜的外部条件。

●传播媒介的发展

传播学于 20 世纪初至 40 年代在美国开始形成。其中，一个重要原因就是美国传播媒介的高度发达。在这个时期，大众报刊和电影在西方发达国家已经高度普及，当时的新媒介——广播，也迅速地发展了起来。随着媒介数量的不断增加，社会影响力的不断扩大，人们的生活也随之发生了改变。广播尤其是电视，不仅改变了人类传播，更是改变了人们的生活，此后，人们的生活和传播之间的联系越来越紧密。

当然，在那个时候，越来越多的社会学家开始关注传播问题并展开了传播研究，突飞猛进的传播事业的发展给传播学的创立提供了前提。其实，传播研究的广泛开展与电影、广播、电视等新兴大众传媒的繁荣发生在同一时期。因此，当时发达的传播事业为传播学研究提供了最适宜的环境和社会条件。

●政治宣传的需要

产生于美国的传播学，不可避免地受到美国选举政治的影响。美国的最高长官——总统，是通过选举产生的。与此相应，热闹非凡的还有选举期间候选人四处宣讲的拉选票之举。的确，这关系到一个人的政治命运，候选人为了赢得更多的选票，就只能拼命地“推销”自己。成功的推销需要借助一定的媒体，更需要掌握一定的方法，而这两者都是传播学研究的领域。在当时，美国的这种政治氛围对传播学的问世也产生了推动作用。

●经济推销的推动

今天，一说到广告，我们很自然就会将其和媒体联系起来。其实，当年传播学的问世也借助了经济发展中广告的推动作用。美国是市场经济，产品要大卖，除了产品本身的质量有保证之外，也需要宣传推广。正所谓“酒香也怕巷子深”，要使产品信息能够顺畅、快速、有效地传播出去，自然就需要相应的传播理论来支持这种传播行为。这在客观上对传播学的问世产生了促进作用。

●战争宣传的需要

传播学形成的时代是世界范围内战争与革命大爆发的时代。军事上，战争宣传的迫切要求也使传播的研究刻不容缓。在两次世界大战中，作战双方都利用传播媒介进行了大规模的宣传，通过宣传进行心理战：瓦解敌人意志力，鼓舞我方士气，激励民心，等等。

除了上面说到的四个因素之外，传播学诞生在美国还有另外一个直接的原因，那就是德国纳粹党在执政之后，大批欧洲学者为了躲避法西斯迫害逃亡到了美国，推动了美国社会科学的发展和繁荣。

总之，正是上述的一系列环境和社会因素给传播学的问世创造了适宜的社会氛围。正如小鸡破壳而出需要一定的温度一样，传播学的问世也需要特定“温度”。但是，温度再高也不会把土块变成小鸡，传播学自身的内因才是其问世的关键。

2. 传播学的三大来源

李白的名句“君不见黄河之水天上来”道出了黄河水之源，正如没有无源之水一样，传播学的形成也有其必然来源。前面我们介绍了传播学形成的外因，下面我们来说说传播学形成的内因——传播学学科自身的机制和演化。

●行为主义

传播学的第一个来源是行为主义。行为主义就是把人的外在行为作为研究的客观依据。人的思想是摸不着看不见的，但人类的行为却是实际可见的。与行为主义相比较，行为艺术也许更容易理解。其实，它们的基本思想是一致的。比方说一个青春萌动的少年，或许自己都说不清楚自己是否爱同桌的美女，但是，他总是忍不住关心她、帮助她，他的行动是明白无误的。

进入 20 世纪，行为主义的规范研究首先兴起于心理学领域，随后进一步渗透到社会科学的诸多领域，包括社会心理学、人类学等。我们在前面介绍了传播学属于社会科学——有关社会行为的科学。自然传播学也得到这一学术传统的庇护，如传播学的先驱拉斯韦尔，就非常注重传播学功能的研究。传播学的另外两位先驱卢因和霍夫兰，更是采用了实验的方法开展传播学研究。

●“三论”：信息论、系统论、控制论

“三论”是传播学的第二个来源，包括信息论、系统论和控制论。三论是一组密不可分的理论群落，而控制论则宛如信息论的孪生兄弟，三者之间相互渗透，共同构成了信息科学的学科基础。信息科学对传播学的最大贡献是提出了信息的概念。

信息论的提出者是美国贝尔实验室的电信工程师申农。他不仅提出了信息的概念，还提出了一个对传播研究及其模式结构产生深刻影响的传播过程的基本模式。控制论是麻省理工大学著名的科学家维纳创立的。对于传播来说，控制论的主要贡献是提出了反馈这个概念，我们今天非常熟悉的收视率、点击率、热线电话等都属于传播中的反馈。反馈的目的是调节信息系统，使之达到需要的状态。

“一双筷子轻轻被折断，十双筷子牢牢抱成团”，这句歌词中就包含着系统论的思想。系统是一个有机的整体，并不是各个要素的简单相加或排列组合。系统论对传播的主要贡献是方法论上的，也就是从系统、整体的角度去审视传播过程。

●新闻学

新闻学与传播学的关系，从我们今天高校“新闻传播学院”的命名上可见一斑。也有很多人压根就把二者当成一回事。的确，二者是存在一个先后出现又齐头并进的发展过程。最初的新闻事业主要是报纸，所谓的新闻学也就只能是报学。后来，随着大众化报纸和通讯社的出现，才形成真正意义上的新闻学。随着媒介的不断丰富，尤其是电子媒介的出现和普及，新闻学也开始向传播学转变了。传播学在继承了许多新闻学的理论和方法的同时又甩开步子向前发展了。因此，毋庸置疑，新闻学也是传播学的来源之一。

3. 传播学的发展演变

我们今天看到的传播学，从孕育到形成到今天的状态也经历了一个曲折的发展过程，曾经几度“山穷水尽”，而后又“柳暗花明”。

起初，传播学主要研究传播媒介的效力和传播的效果，这主要是受霍夫兰及其耶鲁学派的影响。但是，研究的结果并不尽如人意。在 20 世纪 50 年代，传播学研究遭遇了第一次疑似“山穷水尽”的困境，许多传播学研究者都陷入了焦虑之中，其中，蓓蕾尔森曾这样宣布：传播学研究已经寿终正寝了。

当然，事实证明，传播学研究不仅没有消失反而不断地向前发展了。传播学研究从这次困境走向“柳暗花明”是因为出现了新的转机：一是进入 20 世纪 60 年代之后，传播效果研究开始从多角度展开，不再局限于一隅，不仅关注直接效果、最佳效果，也开始关注远期效果和间接效果，总之，关于效果的研究日渐摆脱小家之气，而置身于更为广阔的天地之中；二是受众在传播中的地位改变了，人们逐渐发现受众并不是“乌合之众”，也不是任人摆布“中箭即倒的靶子”，研究者开始改变对受众的看法，并发现在传播的过程中，受众并不是消极被动的，而是积极主动的。其中，最具有代表性的就是社会心理学家鲍尔提出的“固执的受众”。这表明受众观念是十分牢固的，并不是媒介所能够轻易改变的。

由于上述转机的出现，在20世纪60年代，传播学研究摆脱了之前的狭隘思维，打破了50年代的裹足不前，开始甩开步子跨入传播学研究的广阔天地，视野豁然开朗，面貌也焕然一新。

进入20世纪70年代，传播学研究呈现出繁荣景象，各种学说纷纷登场，研究的内容也包罗万象。到70年代末，传播学成为一门日益完善的新兴学科，越来越受到研究者的青睐。

20世纪末期，传播学在欧洲、日本等发达国家和地区成为了最热门的研究课题，其发展大有“席卷天下之势”。传播界各种学说纷呈、各种流派林立，其中，最具影响力的学派有两个，一个是以美国为主的传统学派也叫经验学派，一个是以西欧为中心的批判学派。两大学派在研究方法、研究趋向、研究内容等方面都有很多区别，我们在后面会详细介绍。

如今，随着传媒业日渐繁荣，各种新兴媒体不断出现，自媒体的繁荣和广泛应用，很多传播学研究者也开始把研究方向转向新媒体、自媒体，跟风的现象十分明显。比如，博客出现后，到处都是研究博客的文章、书籍；微信出现之后，又将研究重点转向了微信，有关微信的研究铺天盖地。如今，传播研究的实用性尤其突出，传播研究往往和营销推广结合起来，如博客出现之后，博客营销就随之出现；微信出现之后，微信营销也迅速成为了研究热点。

传播学十二讲

Communication Science

第二讲

传播的基因，信息的载体

——符号与意义

一、人类传播中的神秘符号

在悬疑剧中，往往“一串”莫名其妙的符号就是破解人命的关键；在谍战剧中，为了争夺一份看似由毫不相关的符号（数字、字母、汉字、图画）编制而成的“情报”，多少人肝脑涂地……影视剧中的这些情节，更加增强了符号的神秘感。其实，我们每天都要接触符号，它是人类传播中最基本的要素。

1. 符号与意义

符号是信息的外在形式或物质载体，而意义则是信息的精神内容，所以信息是符号和意义的统一体。在社会传播中，任何信息都携带着意义，而任何信息也必须通过符号才能得到表达和传递。

●认识符号

信息传播离不开符号就像鱼儿离不开水、花儿离不开阳光一样。那么，究竟什么是符号呢？

简单地说，符号是信息的外在形式或物质载体，是信息表达和传播中不可缺少的一种基本要素。但是，符号在不同的领域有不同的含义。例如，在数学中，我们一般把1，2，3，4等称为数字，把a，b，c等称为字母。不仅如此，符号的形态更是多种多样的，我们在日常生活中能够感觉到的声音、动作、形状、颜色、气味，甚至物体，只要它们能够携带信息或表述特定的意义，就属于符号的范畴。

在人类的传播活动中，任何的符号都与一定的意义相联系，也就是说，人类传播在现象上的表现是符号的交流，其实质上交流的是意义。例如，互生情愫的青年男女总是忍不住“相互放电”，表面看交流的是眼神，实质上传达的是爱意。

●了解意义

意义与符号相伴而生。那么，什么是意义呢?意义是一个抽象的概念，通俗来讲，所谓的意义，就是人对自然事物或社会事物的认识，是人给对象事物赋予的含义，是人类以符号形式传递和交流的内容。

意义普遍存在于人类的社会生活之中，“桃花潭水深千尺，不及汪伦送我情”是李白的著名诗句。桃花潭本来是一个自然事物，桃花潭有千尺之深是一个事实，李白将这一事实应用到对友谊的思考，发出了“桃花潭水深千尺，不及汪伦送我情”的感慨。

意义在人类生活中起着重要的作用，人与人之间的社会传播，实质上也就是意义的交流。意义活动是人类基本活动之一。

2. 符号的分类和功能

生活中的符号现象是丰富多彩的，因此，不少相关学者都尝试着给符号分类。皮尔士是美国符号学的创始人，他把符号分为 10 大类 66 种。通常，符号可分为两大类：信号和象征符。

对于信号和象征符，德国学者 E. 卡西尔认为：“信号具有物理性质，而象征符则具有人类语义性质。”S.K. 兰格尔认为：“信号是对象事物的代替物，而象征符是对象事物的载体。”

●信号

在日常生活中，到处都是信号。乌云密布、狂风四起是打雷下雨的信号；肚子咕咕直叫是饥饿的信号。信号有这样两个特点：其一，信号与它表示的对象事物之间具有自然的因果性，就像冒烟是着火的信号，落叶是秋天到来的信号一样，这种对应关系是客观的，具有因果性联系；其二，信号与它表示的对象事物之间通常具有固定的一一对应的关系。不仅自然符号如此，一些人工符号也是如此。例如，交通信号“红灯停，绿灯行，黄灯亮了等一等”就是如此。

●象征符

与信号不一样，象征符是人工符号。它不仅能表达具体的事物，也能表达抽象的观念、思想等。它已经超出了知觉的层次，具有了表象和概念的功能。如“花”不仅仅是植物的花儿，还代表希望——孩子是祖国的花朵，甚至还代表爱情——玫瑰。一说到花儿，人们就会在大脑中浮现出各种各样的花。因此，有人又将象征符称为“符号的符号”。

此外，象征符和信号相比更加随意而自由，可以自由地创造，与指代对象之间的关系具有随意想。这是因为一种对象事物可以用多种不同的象征符来表示，一种象征符也可以表示多种不同的事物。例如，要表达“快乐”，可以用轻松欢快的音乐，也可以用舞蹈，而同样的舞蹈有时候也可以用来表达愤怒、激昂。

符号是人类传播的介质，人类只有通过符号才能相互沟通信息。这只是符号的一个功能。其实，符号具有三个方面的功能：一是表述与理解；二是传达；三是思考。下面我们逐一进行解析。

●表述与理解功能

人类传播的目的是交流，就像我们给某人打电话一样，打电话要么是有事要说，要么是有话要讲，但两者不论是哪一个都是要交流。要交流的可能是情感、是想法。总之，交流的是精神内容，这就需要借助一定的符号。例如，打电话时的声音，以及声音的大小、语速的快慢等符号，而电话那边的倾听者通过这些符号可以感知的物质形式理解打电话者要表达的情感或者想法。由此，我们可以理解符号的表述与理解功能。

●传达功能

符号的传达功能是非常普遍的。打电话是通过声音符号将情感、思想、想法传递给了对方，但是，如果打过电话之后，突然又了某种感触并把它写在了纸上。这时，文字符号不仅将这种无形的感触表述了出来，而且也实现了在时空上的传播和保存。写下的这种感触，不仅可以给周围的朋友看，而且可以传给子孙后代看。

●思考功能

符号的另一项基本功能是引发思维活动。人脑与外部信息世界相联系的内在意识活动就是思考，是一个人进行信息处理的过程。我们在电视上经常看到，一见钟情的男女分开后，会独自边沉思边微笑，电视画面给我们显示的是他们彼此相遇的那个瞬间。可见，人要进行思考，首先要找一个思考的对象，而这些都是以形象、表象或概念等符号形式存在于人脑之中的。就像上述男女一见钟情的情况，被思考的这个人以他的衣着、容貌、一举一动等符号存在于思考者的大脑之中。因此，思考本身也是一个操作符号并在各种符号之间建立联系的过程。

3. 传播过程中的意义

只要我们留心观察就会发现，在传播活动中传递的不仅仅有符号本身的意义，还有一些并不是符号本身的意义。符号本身外意义的影响要素有传播者、受传者以及传播情境等。

●传播者

传播者是信息的发出者，在生活中，我们每个人都扮演者传播者的角色。有人会为不能准确而完整地表达自己的想法而感到苦恼吗？会为自己说出的话而后悔吗？如果有，就说明我们发出的符号并没有正确传达我们的意图或本意。“词不达意”告诉我们这种情况并不少见，而且由来已久。这也充分说明符号本体的意义与传播者的意义未必是一回事。

●受传者

受传者就是信息的接受者。不同的人对同样的符号也会有不同的理解。例如，“看电影”这件事，早些年在乡下，一提到看电影，浮现在人们脑海中的肯定就是一村人同看露天电影；现在，对于一个在城市长大孩子来说，看电影就是坐在电影院里看大片。符号的意义会出现这样的差异有两个原因：一是符号本身的意义会随时代的发展而变化，二是每个受传者都有自己的经验、经历等社会背景。这些因素使受传者从符号或讯息中得到的意义存在某些差异。

●传播情境

传播情境指的是对特定的传播行为直接或间接产生影响的外部事物、条件或因素的总称，包括具体的传播情景，如时间、地点、人物等；在广义上，传播情境也包括传播行为的参与人所处的群体、组织、制度、规范、语言、文化等较大的环境。在很多情况下，传播情境会形成符号本身所不具有的新意义，并对符号本身的意义产生制约。

总之，符号本身也具有一定的意义，但是，符号本身的意义并不仅仅存在于符号本身，而是存在于人类传播的全部过程中。

二、编码和译码——符号互动

符号互动是人际传播的重要特征，通俗地讲，符号互动就是交谈，就是你一言我一语的交流信息。符号互动也称为象征性社会互动，是人类区别于动物信息活动的一个重要特点，由于象征符与意义是一个统一体，所以有的学者将象征性社会互动称为意义互动。如果互动的符号并非通常人都能理解的内容，就像前面说的情报一样，那就有趣的多了，正如情报需要破译一样，在传播学中，符号互动还涉及到一对重要的范畴——编码与译码。

1. 编码和译码

人与人之间传播的目的是交流意义，但是，意义本身是无形的。例如，要表达“爱”这种情感，“爱”本身是无形而又无法触摸得到的，为了把

“爱”传递给对方，就要借助可感知的物质形式，比如玫瑰花、巧克力等。同样，传播对象也只有凭借这些符号才能理解意义。意义传递的过程涉及到意义转化为符号以及符号再度转化为意义。这样，两个过程就是编码和译码的过程。

编码与译码是信息论中的专业术语，信息论的创立者——申农，是贝尔电话公司的电气工程师。编码和译码出现在他提出的一个著名的通信模式（如下图所示）中：

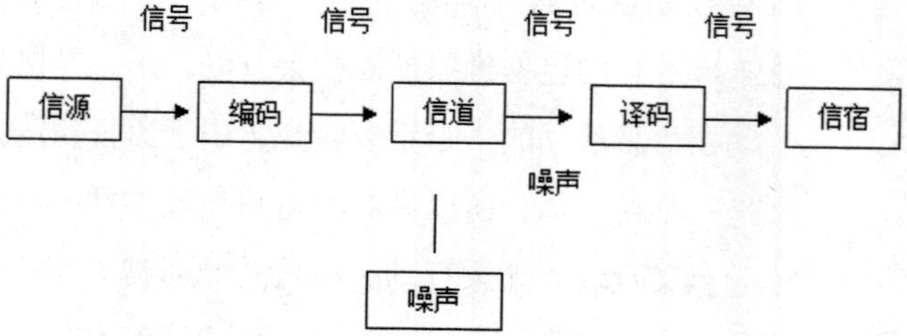

图 2-1　申农提出的编码和译码通信模式

上图展示了通信过程涉及的要素及各要素的相互关系。信源发出信息，经过编码变成信号，通过信道来到了信宿，信宿要理解信号，还需要把信号再译成信息。以打电话为例，打电话的人就是信源，打电话者说出来的话就是信息。话语不可能直接通过电话线传给听者，这就需要首先把说的话转换成电脉冲，将话转换成电脉冲的过程就是编码，经过编码的话语就变成了信号，就可以进入信道传递了。当信号到达对方的听筒时，听筒再把这种信号还原成话语。这个还原的过程就是译码，这样接电话者就可以听到打电话者的声音了。

编码和译码是符号和意义互动的两个相反的环节。在传播中，可以分别称为符号化和符号解读。所谓的符号化，是指传播者将自己要传递的讯息或意义转换为语言、音声、文字或其他符号的活动；符号解读，是指传播对象对接收到的符号加以阐释和理解、读取其意义的活动。此外，传播对象对传来的信息作出反应——反馈的过程，是在符号解读基础上的再次符号化过程。

2. 符号互动与传播

象征能力是人类独有的能力，人类发挥这种能力的行为就是象征行为。它指的是用具体事物来表示某种抽象概念或思想感情的行为。《诗经》中有这样的记述："桃之夭夭，灼灼其华。之子于归，宜其室家。桃之夭夭，有蕡其实。之子于归，宜其家室。桃之夭夭，其叶蓁蓁。之子于归，宜其家人。”其中的“逃之夭夭”就象征青年男女的新婚生活。

象征行为是人类特有的，是指使用象征符来传达象征意义。象征符是具有双层意义的符号，第一层是符号的字面意义，第二层则是符号的类比或联想意义。比如说“咖啡”，表面意义是一种饮用品，但是，它的类比或联想意义则是“情调”“高大上”“小资风情”等。人类的象征行为使符号的第一层意思向第二层意思转化，这种转化要求两者之间有一定联系，即它们之间必须有某种类似性。这种类似性并不是直接的和绝对的，而是基于社会生活的联想。

人类的象征能力在传播中的一个重要表现就是象征性社会互动。这是指人与人之间通过传递象征符和意义而相互作用和相互影响的过程。象征性社会互动是互动双方通过象征符来交流或交换意义的活动。被交流或交换的意义对传播者而言，是他为发出的符号赋予的含义和对符号可能引起的反应的预想；对受传者而言，是他对传来的符号的理解、解释和反应。因此，传播过程中的意义，在本质上只有通过交换才能成立、产生效应。下面通过一个例子来分析这一过程。

杰克给露西发了一条微信，劝说露西接受某个主张。在这个过程中，微信中的文字和声音是杰克发出的符号，符号表达的内容以及这些内容所体现的意图就构成了杰克要传达的意义。从露西这方面来看，收到微信后要阅读或者收听微信的内容，不但要理解微信的字面意义，还要推测杰克提出这个建议的目的以及接受这个建议对自己有什么影响，自己所处的状况是否允许接受这个建议等。

在上面的案例中，杰克与露西的意义活动产生交流或碰撞。互动的结果是，杰克的建议被接受或者被拒绝。因此，象征性社会互动通常具有赋予行为动机和确定行为取向的功能。

另外，互动的双方要进行意义的交换还有一个前提，那就是交换的双方必须有共通的意义空间。这个共通的意义空间有两层含义：一是对传播中所使用的语言、文字等符号含义的共通的理解，两个人都说的是普通话，用的是汉字；二是大体一致或接近的生活经验和文化背景。由于社会生活的多样性，每个社会成员的意义空间不可能完全相同，但意义的交换或互动只能通过共通的部分来进行。

意义交换作为互动性传播活动，在社会生活中起着重要的作用。库利认为，它是人与人的关系赖以成立和发展的机制；米德认为，它是个人与社会之间相互作用的纽带。

三、语义与传播——语言符号

语言符号是人与人信息交流的符号载体。在生活中我们看到，讲同种语言的人可以顺畅交流，而讲不同语言的人往往不知对方所云，出现“对牛弹琴”的尴尬局面。由此可见，语言符号在传播中的作用不可小觑。

1. 认识语言符号

作为传播媒介的语言符号包括两种：一种是口头语言，另一种是文字语言。

口头语言就是说话，无论你说的是普通话、河南话、粤语还是英语、日语，只要是用嘴巴说的都是口头语言。从学会说话开始，口头语言就成了我们随身携带的传播符号了。口头语言在语言符号中处于基础地位，起着主要作用。

文字语言我们也很熟悉。自从能认字，我们就能感知、领略文字语言的魅力了！一般来说，我们最早接触文字语言是在书本上。

语言与文字并不是凭空而来，都经历了漫长的发展过程。那么，语言为何会产生呢？有人说这是相互协作的需要，有人说这是捕获食物的需要，还有人说就是交流的需要，等等。虽然没有一个一定的答案，但是，如果交流是语言符号产生的动机，这就是说人类是在憋不住的时候开口说话了。于是，语言符号随着人类的开口而出现。

文字的出现并不是迫于交流欲望，而是基于实用的目的。例如，结绳记事、记录诗歌和传说等。总之，语言符号的出现和发展是人类进步的象征。

正如开头所讲，要顺畅地交流必须了解彼此使用的语言符号的意义。有一门专门研究语言符号的科学就是语义学，其中，柯日布斯基所创立的普通语义学对传播学的意义最大。

柯日布斯基是一位美国哲学家，祖籍波兰，出身于波兰贵族，以高超的剑术闻名。他到美国之后开始著书立说，著有《科学与精神健全：亚里士多德体系和普通语义学概论》一书。1938 年，他创立普通语义学研究所，讲授普通语义学。正像所有的思想家都有忠实的追随者一样，柯日布斯基也不例外，温德尔·约翰逊就是其中一位。他们的结缘有一个有趣的故事。

据说约翰逊从小就是个口吃的孩子，为了医好口吃，他曾经多方求医，从各个方面尝试了很多方法。他甚至在长达十年的时间里给自己的右臂套上石膏模子，强迫自己用左手并以此纠正口吃。当然，这并没有见效。

1936 年的一天晚上，约翰逊的一个朋友给他带来了一本书。谁知道就在第二天，约翰逊的阑尾炎突然发作，只好住院做手术。于是，约翰逊就利用住院的这段时间阅读了朋友给他带来的这本书。后来，约翰逊说，正是这本书改变了他对口吃的看法。读完这本书，他就不再口吃了。

或许大家已经猜到，约翰逊看的这本神奇的书就是柯日布斯基的代表作《科学与精神健全：亚里士多德体系和普通语义学概论》。从此以后，约翰逊就对柯日布斯基及其普通语义学崇拜之至。那么，约翰逊投身到柯日布斯基的门下并成为他的崇拜者和追随者也就是自然而然的事情了。

普通语义学是研究语言的意义从而达到健全传播的目的。这对于传播学来说，尤其是语言符号的运用具有重大意义。

2. 语言的误用

从普通语义学的角度来看，我们生活中的很多麻烦事都是对语言的误用造成的。这种误用就是我们这里说的语言陷阱。在某些情况下，如果不留意，语言同所表达事物之间的关系就会出现传播误差，而且这也是容易被人们忽略的情况。普通语义学就这种情况进行了分析，主要有如下几种。

●语言的静态性，生活的动态性

无论你是否察觉到，我们所处的这个世界无时无刻不在发生变化，明显的有一年四季的变化，还有一些不明显的、不易察觉的，比如说一张床、一扇门、一所房子的变化，也许若干年之后，它们可能变成了另外的样子。

生活中的事物是不断变化的，但是，语言是相对静态的。以张三为例，出生后，他的父亲给他起名张三，张三一天天变化，幼年、少年、青年、中年、老年……他少年时调皮活泼、青年时血气方刚、中年时沉着稳重、老年时饱经沧桑。随着时间的推移，张三的外貌和内心思想都发生了变化，但是，指称他的语言符号还只是张三。要准确指出张三，这远远不够。因此，普通语义学就建议，在人名上标注时间，如张三 1986，张三 2014 等。

普通语义学的这种分析让我们耳目一新，也颇有道理，但是他们忽略了一点：持续运动的事物也有相对静止的一面。按照这种说法，似乎只有走到了美国才能说美国存在一样，未免有点矫枉过正了。

●语言的有限性，生活的无限性

在日常生活中，我们所用的口语词汇是有一定数量的，而与此相对应的我们需要表达的事物、经验和思想却是无限的。于是，在生活中我们也常常会遇到“实在不知道用什么语言来表达”的窘境。

由此，要想准确无误、恰如其分地表达、描述事物，就是异想天开了吗？对于这种情况，普通语义学也自有办法。普通语义学建议，在描述一件事情、说明一个东西的时候，在后面加上一句“等等”，表明你所说的只是一部分，并不是它的全貌。即便是不说出来或者写出来，也要在思想上有“等等”的意识。关于这一点，柯日布斯基曾经举过这样一个例子。

柯日布斯基说“狗”这个类名词，只是表明所有的狗都相同，但是，我们现实生活中的狗各有各的特点，它们并不相同。因此，听人说“狗”并不可贸然地就去接触“实在的狗”。柯日布斯基进一步强化说，如果有人指着椅子对你说“请坐”，那你切不可马上就坐，因为实在的椅子可能是坏的。

看了上面柯日布斯基的话，我们禁不住要凌乱了。其实，生活的无限性，并不是绝对的，也有相对的时候。如果我们一味地强调其无限性，就等于逐步否认了语言认识现实、把握事物的功能。

●语言的抽象性，生活的具体性

正是由于语言的抽象性才使人们可以用简单的语言描述事物，否则，人们说一个事物估计要絮絮叨叨半天了。但是，语言越抽象同实际事物的距离就越远，表达的事物就越模糊，在传播中也就越容易出现偏差。下面我们举例来看语言的抽象性。

动物，这个抽象语言符号代表一切能动的动物：大象、老虎、鸡、鸭、牛、羊等；具体一点的牲畜，这个抽象语言符号代表牛、马、羊等；进一步具体一点的奶牛，这个语言符号就包括所有的奶牛了；再具体一点说，奶牛杰贝，这就具体到一头奶牛了。

从上可见，语言符号越抽象距离事物就越远，就越容易出现理解上的误差。因此，在现实生活中，我们一定要注意这些问题，以免语言失当。

3. 语言使用不当

在生活中，语言符号使用不当的情况也时有发生，常导致传播失误和偏差。常见导致语言失当的情况有以下几种：

●死线抽象

我们前面说到语言具有抽象性，那么，死线抽象指使用的语言都是在同一个抽象等级里面的，要么是高级的，要么是低级的。就像我们前面举的例子，使用了这样几个等级的抽象语言符号：动物—牲畜—奶牛—奶牛杰贝。

在传播过程中，死线抽象会影响信息的顺畅传播。例如，我们看专家写的论文会感觉艰涩难懂，因为他们都使用了高级抽象的语言。生动、有效的传播应该是灵活地使用不同的抽象等级的语言符号。

●忽视差异

在生活中，我们经常会听到这样的话：“这个人没有一句实话。”其实，这种说话的方式就是语言失当的一种——忽视差异。用这种语言方式表达事物，只照顾到了事物的整体，而忽视了个体的差异。

为了避免这种语言失当，普通语义学建议，在使用类名词时最好用数字表明一下。比如说警察，可以标注为警察 1、警察 2 等。即便不加数字，在思想里也要有这个意识。

●非此即彼

在看电影的时候，我们经常会听到小朋友问：“妈妈，这是好人还是坏人呀？”其实，小朋友的这种问法是语言失当的一种——非此即彼。这种非此即彼的语言表达方式往往把人引入歧途。约翰逊甚至认为，导致精神病的一大原因可能是语言符号的这种非此即彼。因为这种追求极端的思想，容易增加精神压力，造成精神负担。

●自我投射

在现实生活中，我们经常会听到这样的话：“今天天气很好”，“这部电影很感人”，“这本书写得不错”等。这些听起来好像是在谈和说话者本人不相关的事情。其实，我们自己一分析就会发现，这些话是说话者自己的想法。这是语言失当的另一种情况——自我投射，即人们用语言表述事物时将自己的主观思想投射到事物上。

对于这种自我投射的语言失当，普通语义学也提出了解决的办法，就是在每一句话上加上一句“对我来说”。例如“对我来说，这本书很不错”。当然，不一定要把这句话说出来，但要有这个意识。

了解语言符号，无论是语言陷阱还是语言失当，都不利于传播的顺利开展。因此，掌握语言符号，尽可能地避免语言陷阱和语言失当，准确地传播信息是最终的目的。

四、非语言符号的妙用

“点头 YES，摇头 NO”是一首小朋友都知道的儿歌，歌词中通过“点头”和“摇头”传递了“YES”和“NO”的信息。这里的“点头”和“摇头”属于非语言符号。非语言符号是人与人之间交流、传播的另一种重要符号。在传递信息时，它们有时会有无法替代的奇妙效果。“无声胜有声”就是一例。

在传播活动中，非语言符号是指除语言之外的其他的传播信息的符号。非语言符号在人际交往方面的作用尤其突出。当然，也正是由于非语言符号的存在才使得我们的人际传播变得更加丰富多彩和有趣。非语言符号一般包括体态语言、副语言以及视觉性语言符号三大类。

1. 体态语言

体态语言又称为身体语言或者行为语言，是指通过人的举止、表情和装束来表情达意、传递信息的非语言符号。我们几乎每天都在使用体态语言，如人际交往中的一举一动、一颦一笑等。体态语言使人际传播变得丰富而微妙，可以分为三类。

●动作

在传播中，我们经常用动作来传情达意。例如，挥手表示再见，鼓掌表示欢迎，点头表示肯定，摇头表示否定等。毛泽东挥手作别的动作已经成为经典，很多人经常在拍照的时候模仿这个动作。动作语言不仅会在生活中常用，而且还是某些特定职业的职业语言。例如，交通警察、调度员、运动场上的裁判员等，使用动作语言是他们工作的需要，也是一些情境中唯一可行的传播方式。

在动作传播中，除了四肢之外，最常用到的是眼睛。望穿秋水、含情脉脉、暗送秋波、眉来眼去等，都是眼睛行为的传播。眼睛是心灵的窗户，自然也能起到沟通心灵的作用。眼睛可以表达很多无声的语言。

● 姿势

动作是动态的，姿势是静态的。静态的姿势也能传递丰富的信息。如站如松、坐如钟、呆若木鸡、风情万种等，都是对人类姿势的描述。通过这些姿势可以传递出一个人的精神风貌或者情绪。有些姿势在特定的情境中还具有耐人寻味的意义，如若无其事地站着、随随便便地躺着、直挺挺地坐着等。

在姿势语言中，最有趣、最多样的要数面目表情了：似笑非笑，笑面虎，笑里藏刀，皮笑肉不笑，喜上眉梢等，都是描述面目表情的。面部表情也是人际交往的关键。

体态语言的姿势不仅是人体自身的状貌，还包括附属于人体的穿着打扮，如衣服、帽子、发型、手包、鞋袜以及香水、口红、眼影等，都是传递信息的符号。在人们的印象中，一个西装革履的男人往往是成功者，一个浓妆艳抹的女人一定有不少风流韵事。

●类语言

顾名思义，类语言就是指类似语言的一种符号。类语言并不是语言，但和语言有类似的地方，都是人发出的声音。语言有固定的意义，类语言没有。哭声、笑声、呻吟声、叹息声、呼唤声等都是类语言；另外，那些习惯性的、应答的声音，例如嗯、啊、哦、嘿嘿、呵呵等也都是类语言。类语言在人际传播中运用广泛，QQ 聊天、发送微信和短信的人一定深有体会。

2. 听觉性非语言符号

听觉性非语言符号是指作用于人类听觉的非语言符号。我们在这里主要说的听觉性非语言符号包括副语言以及其他的声音符号。副语言又称为语言的伴生符，是指声音语言或者文字的伴生物。例如，声音的高低、大小，语速的快慢，文字的字体、大小、粗细、工整或者潦草等都是副语言。说话声音洪亮的应该是一个性格爽朗的人，软言细语的应该是女子，字体工整的人严谨认真，字体潦草的人粗心大意等。另外，说话时的抑扬顿挫会使同一句话产生不同的意思。最经典的莫过于“下雨天留客天天留我不留”。这句话在不同的地方停顿会产生截然不同的意思。

下雨，天留客，天天留，我不留。（天天下雨，我已经不想留。）

下雨天，留客天，天留我？不留。（下雨与天留人无关。）

下雨天，留客天，天留，我不留。（主人不让留。）

下雨天，留客天，天，留我不？留。（自己做不了主，主人和天留客了。）

下雨天，留客天，天留我不？留。（还是天让留啊！）

除了副语言，还有一些其他的声音符号，如鼓声、口哨、汽笛、乐声等。在特定的传播情境下，某种单一的声音符号也可能担当传播信息的重任。战争中的冲锋号声一起，战士们就冲向前去奋勇杀敌。音乐不仅能够在特定的情况下传播十分具体的意义，还能传播国际意义，是没有国界的。

3. 视觉性非语言符号

一看到“红底色的黄色的大 M”立刻就知道是麦当劳，一看到贴有“海尔兄弟”的标签立刻就知道这是海尔的产品。这个大 M 和海尔兄弟的标签属于视觉性的非语言符号。所谓的视觉性非语言符号是指作用于视觉的非语言传播符号，可以分为两类：

●象征性非语言符号

象征性非语言符号往往代表一种抽象的意义。如红十字、五星红旗等，都是某种文化的结晶与标志，积淀着深厚的历史传统，蕴含着丰富的情感内容。

●实义性非语言符号

这是一种最常见的视觉性非语言符号，因为它能够用简洁明了、形象直观的方式表达某种比较确定的意义。“烽烟戏诸侯”中的烽烟是用来报警战争的。现在我们经常见到的铁路、公路标志以及一些禁止吸烟、有电危险的标牌等，都是典型的实义性非语言符号，都能起到传播某种信息的作用。

4. 非语言符号的作用

非语言符号作为一种传播符号在人类传播中具有不可或缺的作用。具体来说，非语言符号具有以下六种作用：补充语言符号、替代语言符号、强调语言符号、否定语言符号、重复语言符号、调节语言符号。

●补充语言符号的作用

这类非语言符号对语言符号的表达起补充作用，包括声调、面部表情、手势或人与人之间的距离等。补充作用体现在填补、增加、充实语言符号在传播信息时的某些不足、损失或缺欠。例如，一个愤怒的人，一边高喊“我绝不会罢休”，一边把拳头狠狠地砸到桌子上。

●替代语言符号的作用

这是指以非语言符号代替语言符号去传播信息。如果某件事不方便用言语来表述或某些特定的环境阻碍了言语交流时，可以使用替代法，也就是用非语言符号代替语言符号传播消息。比如，几个朋友在一起吃饭，你正要将其中一个朋友的囧事抖出来，突然旁边的朋友碰了一下你的胳膊，你意识到了之后就迅速换了话题；在篮球、足球等比赛中，裁判就常常用手势来代替说话。

●强调语言符号的作用

我们在电视上经常看到，一个主持人在介绍某人时，会拉长声调：“下面有请……”主持人故意拉长请字的声调就是为了突出和强调这个人。还有，领导在讲话的时候，会突然加重语气、提高音量，这也是为了强调，引起大家的重视。

●否定语言符号的作用

当然，非语言符号对语言符号并不都是起辅助作用，有时也会起到否定语言符号的作用。比如恶狠狠地说："我爱死你啦。"又如，一个孩子说："我不吃，我不吃，我已经吃过了。"但是两只眼睛却直勾勾地盯着好吃的不肯移开。当语言符号和非语言符号传达的意思相矛盾时，人们倾向于相信非语言符号承载的信息。

●重复语言符号的作用

这是用非语言符号重述一下语言符号所传递的信息，这样的例子在我们的生活中随处可见。例如，对售货员说："来两斤橘子。"边说边伸出了两个手指；边夸某个人"真棒"的时候，边竖起大拇指等。通过非语言符号的重复可以将信息更加准确地传递出去。

●调节语言符号的作用

非语言符号的调节功能指协调和调控人与人之间的言语交流状态。例如，伸出一个手指放在嘴唇上，意思是"别出声"或"小点声"；将耳朵凑近说话者的嘴巴，意思是"大点声"或"我在认真地听"。

此外，一些学者，例如萨姆瓦等，从跨文化传播的角度对非语言符号的传播作用进行了考察，列举出了非语言符号的五个功能：留下最初的印象、表达相关的信息、引起感情、自我表现和控制别人。

传播学十二讲

Communication Science

第三讲

交流信息、互动有方

——传播过程

一、认识传播过程

正像时间的流逝表现为四季的轮回一样，传播是信息的不断传递、反馈的过程。传播是传播者发出讯息通过媒介传达给受传者，受传者对信息做出反馈，这个过程像一年四季一样循环往复。

1. 传播过程的构成要素

构成传播基本过程的有几个基本要素：传播者、受传者、讯息、媒介、反馈。下面，我们通过几乎每个人每天都会进行的行为——交谈，来认识传播过程的几个要素。

快到十一长假了，小冉对男友大秦说："亲爱的，十一假期咱们去威海看海吧？"

大秦听后思索了一番，点点头，回答说："OK，亲爱的，我这就上网看看飞机票。"

恰好，南方航空公司的机票在打折，大秦就通过携程网订了两张从郑州飞往威海的机票，很快，大秦的手机就收到了携程网发来的飞机票订购信息。

上面的这种交谈是我们日常生活中常见的传播现象，它体现了传播的三个要素：传播者——小冉，受传者——大秦，讯息——商议去威海看海。这三个要素是传播能够成立的重要前提。传播学的集大成者施拉姆认为，传播至少需要具备这样三个要素：信源、讯息和信宿。事实上，一个完整的传播过程，仅仅具备这三个要素还不够，讯息从传播者到达受传者还需要一个中介——媒介。在小冉和大秦的交谈中，我们不容易意识到媒介的存在，但是，在大秦上网订机票的过程中，媒介很明显，那就是网络。

有了这四个要素，从物理学意义来看，传播成立的基本条件就具备了。但是，对人类传播而言，人的互动行为自然不能“有去无回”，而是个有来有往的过程。就上面的例子而言，如果小冉问了之后，男友若没反应，这个传播过程就是残缺的。因此，在传播学中，传播过程还要包括受传者的反应和反馈。下面是传播过程的五个要素。

●传播者

又被称为信源，是信息的来源，传播行为的发起者，即以发出讯息的方式主动作用于他人的人。在社会传播中，传播者既可能是一个人，也可能是一个群体或组织。

●媒介

又被称为传播的渠道、信道、手段或工具。换一种通俗的说法，媒介就是传送信息的快递员，也是连接传播者和接受者的纽带。当然，现实生活中的传播媒介是多种多样的，网络、电话、新媒体、自媒体、多媒体等都是传播媒介。

●受传者

又称信宿，是讯息的接收者和反应者，是传播行为的接收对象。当然，受传者并不是被动的，他可以做出反应，并进一步探讨问题，又成为传播的传播者。因此，受传者和传播者并不是固定不变的。

●讯息

讯息的英文是message，这个词还被翻译成“消息”“文告”等。讯息（message）与消息（information）意思相近但有微妙的区别。讯息是能够表达一个完整意义的信息，信息包括讯息，但并不是所有的信息都是讯息，例如“快”这个字传递的是一个消息，但不是讯息，不能表达一个完整的意思。如果加上一个字“跑”组成“快跑”，就是一个讯息了。讯息是指由一组相互关联的有意义的符号组成，能够表达某种完整意义的信息。

●反馈

顾名思义，反馈就是反应和回馈，是接收者接收到讯息之后的反应和回应，也就是接收者对传播者的反作用。在上面的例子中，小冉提出了建议，大秦的回答就是一种反馈。在传播过程中，反馈是传播者进行传播的初衷，当然，也是受传者做出的自然的反应。正是反馈的存在体现了传播过程的双向性和互动性，这是一个完整的传播过程不可或缺的要素。

上面介绍的这五个要素是一个完整的传播过程必备的要素，当然传播的过程中还会受到其他因素的影响，比如在前面我们说到传播过程中的意义，其中有一项是传播情境。传播情境在人际传播中也成了分析传播过程中不可忽略的因素。

2. 传播过程的特点

一个完整的传播过程由上面讲述的五个基本要素构成。从整体上来看，一个完整的传播过程还有如下几个特点。

●传播过程具有动态性

传播过程的动态性显而易见。正如“春色满园关不住，一枝红杏出墙来”一样，传播的动态性是天生的。传播过程是一个你来我往的过程，发起、接收、反馈，也是一个双向互动的过程。

●传播过程具有序列

传播过程的序列性是指传播的各环节按照先后次序进行。比如，传播者发出讯息，首先要找一个媒介载体，这个载有讯息的媒介通过一个渠道将讯息传达给受传者，受传者接收讯息之后，产生反应，如此循环往复。下面这首循环诗《南湖小船的灯光》最能展示传播过程的序列性。

湖上静静浮小船，小船长夜亮灯光。
灯光四射燃烈火，烈火聚合成太阳。
太阳腾跃破长夜，长夜破晓赖太阳。
太阳原本是烈火，烈火之源出灯光。
灯光依旧在小船，小船静静浮湖上。

●传播过程具有结构性

传播过程的结构性是传播中各要素、各环节之间的相互关系的总体。传播过程的这种结构性体现在两个方面：一是传播过程整体上的结构性，正如“夜来南风起，小麦覆陇黄”一样，这种结构性是指时间上的先后顺序以及形态上的环环相扣；二是传播过程中各要素自身的结构，比如，讯息是符号和意义的统一体，传收双方的角色也可以互换，同时承担解码和译码的工作。

二、传播学研究的主要过程模式

传播过程具有结构性，因此，很多研究者从传播过程的这一特点入手构建了一些研究传播过程的模式。所谓的模式是指科学研究中以图表的方式阐释对象事物的一种方法。模式与对象事物具有对应关系，当然，模式不等于定理本身，是对定理的解释和描述，而且，还不是单纯的描述，而是某种程度的抽象和定理化处理。所以说一种定理可能会有多种模式与之对应。

探讨理论、理解事物时，模式是一种很好的方法。传播学中，模式的应用很普遍。与传播过程对应的著名模式有两种：直线模式和循环模式。

1. 传播过程的直线传播模式

最初，人们把传播过程当成一条直线研究，这时提出的传播过程模式，被称为传播过程的直线模式，其中，最著名的是“5W”模式和香农－

韦弗模式。

● 5W 模式

“5W”模式的提出者是拉斯韦尔，最早的传播学研究者之一。在传播史上，他是提出传播过程模式的第一人。

1948 年，拉斯韦尔发表了名为《传播在社会中的结构与功能》的论文。在论文中，他第一次提出了构成传播过程的五个要素，并进行了排序。因为拉斯韦尔提出的这五个要素和五个英语疑问代词有关，而且这五个代词的首写字母都是“W”，所以，就称为“5W”模式或拉斯韦尔程式。

这个五个要素就是：

Who（是谁）；

Says What（说了什么）；

In Which Channel（通过什么渠道）；

To Whom（对谁说）；

With What Effect（产生了什么效果）。

英国的传播学家麦奎尔又对拉斯韦尔的这个模式进行了图解，如下所示。

图 3-1 拉斯韦尔的传播过程模式

拉斯韦尔提出的这一传播过程模式，将人们每天都面对的、进行的，很熟悉却说不明白的传播活动明确地表述为五个环节和要素构成的过程，使这个复杂的过程一下子清晰起来，也为人们理解传播过程的结构和特性提供了具体的出发点。

●香农－韦弗模式

香农是信息论的发明者。大约与拉斯韦尔同一时期，香农和韦弗也发表了一篇名为《传播的数学理论》的论文。他们在这篇文章中也提出了一个过程模式，被称为香农－韦弗模式或传播的数学模式。

香农－韦弗模式是从电子通信的角度描述传播过程的，如下图所示。

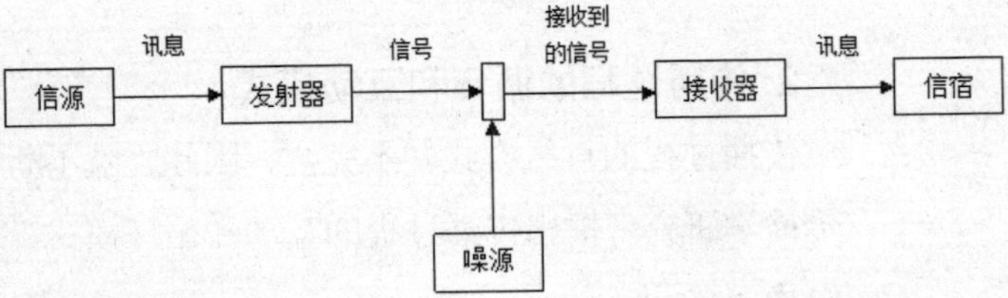

图 3-2 香农－韦弗模式

从上面的图示来看，这个模式的第一个环节是信源，由信源发出讯息，就进入了第二个环节，通过发射器将讯息转化为信号，将信号传输到接收器，通过接收器把信号转化为讯息，将讯息传给信宿，就完成了一个传播过程。

“噪源”的出现，表明了信号在传递的过程中可能会受到噪音的干扰，从而影响信号的质量。从这一点来看，香农－韦弗模式比“5W”模式考虑的因素又多了一些。

上面两种传播模式都是不完全的，因为它们都将传播过程当成单向直线传播了。其实，人类的传播是一个双向互动的过程，有传播也有反馈。在“5W”模式中，拉斯韦尔想到了传播效果，但是没有提供一个反馈的渠道。总之，直线模式不能体现社会传播的本质特征——互动。

2. 传播过程的循环和互动模式

传播过程的直线模式并不完全，因此，就不断有传播学研究者提出传播过程的互动和循环模式等新模式。

●循环模式

传播学研究的集大成者是施拉姆。1954 年，在奥斯古德的观点的启发下，他提出了一个新的过程模式——“循环模式”。如下图所示。

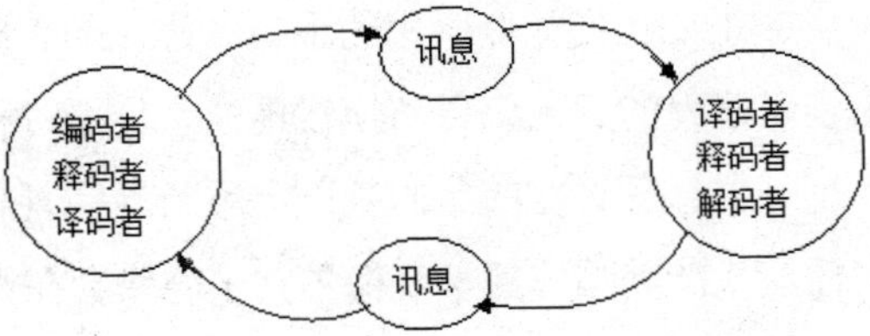

图 3-3 奥斯古德和施拉姆的循环模式

从上图我们可以看到，这个循环模式和直线模式明显不同。首先，传播者和受传者的角色没有明确的划分，信息的接收处于你来我往的相互作用之中。与第一个划分传播过程的拉斯韦尔模式不同，这个模式更加注重对传播双方的角色功能的解析。

这个模式强调了社会传播的互动性。在这个模式中，传播双方都是传播行为的主体。其实，虽然双方都是传播的主体，但是他们并不是处于完全对等或者平等的关系中，这从上级对下级的传播、老师和学生的传播中可见一斑。另外，这个模式体现的是一对一或者面对面传播情形的特点，并不能体现大众传播过程中的特点，大众传播是一对多的传播。

●德弗勒互动过程模式

正如我们如今所用的手机一样，随着科技的进步、研发的深入，更新换代迅速。传播过程模式也是一样，后者在前辈的基础上不断地完善和改进传播模式。美国传播学家梅尔文·德弗勒在香农－韦弗模式的基础上发展出来了德弗勒互动过程模式，如下图所示。

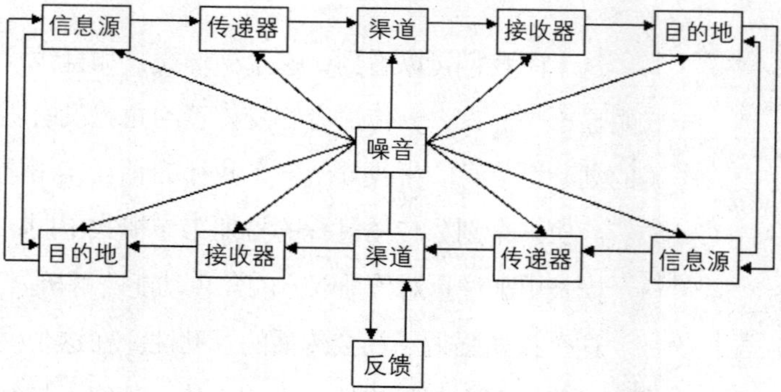

图 3-4 德弗勒互动过程模式

从上面的过程图可以看出，这个过程模式有三点明显改善：一是不仅有反馈环节，而且补充了反馈的要素、环节和渠道，使传播过程更符合人类互动的特点；二是在模式中专门标注了大众媒介，将面对面的传播过程扩大到了大众传播的领域，扩大了模式的适用范围；三是不仅考虑了传播过程中噪音的干扰，而且用箭头将噪音和传播过程的各个环节都联系起来，表明传播过程中的任何环节都有可能受到噪音的干扰。

当然，这个模式也并不是尽善尽美的，它主要是从传播过程内部来说明过程，当然，也提到了一个外部的影响因素——噪音。在现实的传播过程中，外部的影响因素要复杂得多，这也为后来者提供了继续研究的空间。

三、系统模式下的社会传播结构

过程和系统是紧密相连的，过程本身就具有系统性，而系统本身也是一个过程。因此，传播学研究者从传播过程的系统角度去研究传播结构。那么，运用普遍联系和相互作用的系统观来看传播过程，社会传播又会呈现怎样的结构呢？下面我们来看看赖利夫妇的系统模式和马莱兹克的系统模式。

1. 赖利夫妇的传播系统模式

J.W. 赖利和 M.W. 赖利是一对从事社会学研究

的美国夫妇。1959年，他们在《大众传播与社会系统》一文中，提出了一个系统模式，就是后来被称为的“赖利夫妇的系统模式”，这个模式的图示如下。

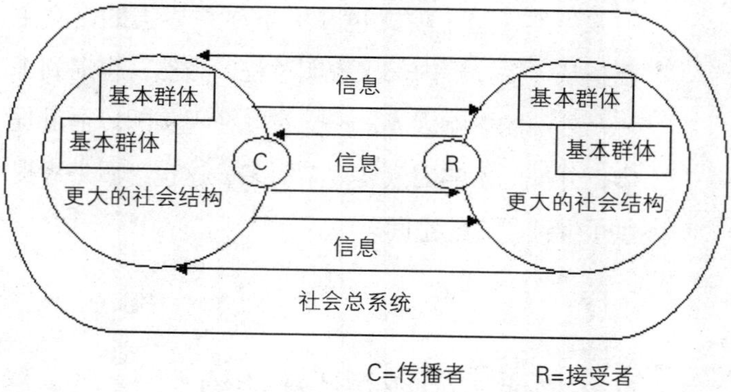

图 3-5 赖利夫妇的传播系统模式

从上面的图示来看，赖利夫妇的这个模式充分考虑了传播过程以外的影响因素，把传播过程放到整个社会系统中进行考察，将传播过程看作整个社会系统的一个子系统，同时，对传播系统与社会系统之间的互动关系也进行了考察。传播系统既与社会中其他系统相联系，又具有自身相对的独立性。从这一点来看，这确实是从一个全新的角度来设置的传播过程模式。

赖利夫妇的传播系统模式具有几个特点：一是把从事传播的双方都当作个体系统，也就是将传播者和受传者看作个体系统，这些个体系统各有自己的内在活动，即人内传播；二是这个模式中的个体系统与其他个体系统是相互连接的，并且形成人际传播；三是个体系统不是孤立的，而是分属不同的群体系统，群体之间又形成了群体传播；四是群体系统的运行又是在更大的社会结构和总体的社会系统中进行的，与社会政治、经济、文化、意识形态的大环境保持相互作用的关系。

赖利夫妇提出的传播系统模式对整个传播学的研究都具有划时代的意义。此前提出的传播过程模式，无论是直线模式还是循环模式，探讨的都是传播过程系统的内部的微观的环节和要素；赖利夫妇将眼光投射到了整个社会系统，其系统模式则开始着眼于传播过程的宏观环境，并更多地对社会系统的整体环境加以研究，将传播过程放到整个社会系统运行的大框架中去把握。因此，赖利夫妇的传播系统模式开启了大众传播研究的新面貌。

2. 马莱兹克的系统模式

赖利夫妇的系统模式揭示了传播过程的复杂性

和互动性。“花开两朵，各表一枝。”除了赖利夫妇之外，德国学者马莱兹克也提出了一个传播系统模式。马莱兹克的系统模式不仅强调传播过程中社会中有形力量之间的相互作用，还提出了社会心理这个无形因素之间的互动影响。

站在前人的肩上才能看得更远，马莱兹克的系统模式充分体现了这一点，如下图所示。

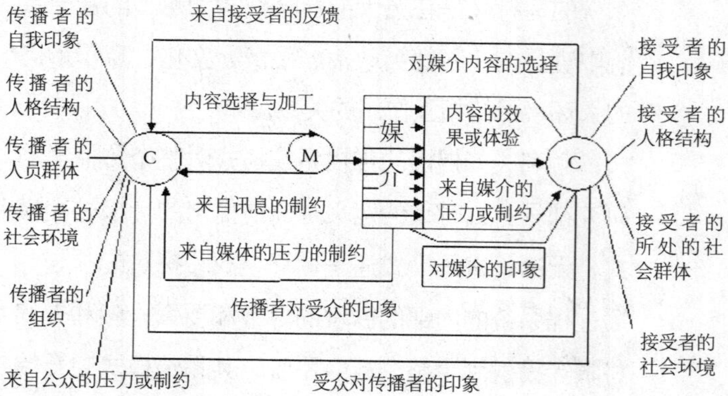

图 3-6 马莱兹克的系统模式

这个传播系统模式把包括社会心理在内的各种社会影响因素都考虑进了传播过程，其中的各个环节的节点也就是这些因素或影响力的集结点。这些因素可以划分为如下几种。

●制约和影响传播者的因素

这些因素包括传播者的自我印象、人格结构、同僚群体、社会环境、所处的组织、媒介内容的公共性所产生的约束力、受众的自发反馈所产生的约束力、来自讯息本身以及媒介性质的压力和约束力等。

●制约和影响受传者的因素

这方面的因素包括受传者的自我印象、人格结构、作为群体一员的受传者（受众群体对个人的影响）、受传者所处社会环境、讯息内容的效果与影响、来自媒介约束力等。

●制约和影响媒介及讯息的因素

这方面的因素的来源主要有两点：一是传播者对讯息内容所进行的选择和加工，这种选择和加工是传播者背后的许多因素共同作用的结果；二是受传者对媒介内容所进行的接触选择，这种选择也和受传者本身的社会背景有关系。

另外，制约媒介的一个重要因素就是受传者对媒介的印象，这种媒介印象是基于平时的媒体接触经验形成的。例如，受传者偶尔看了河南卫视的《梨园春》栏目，感觉非常好，就会对这个电视栏目甚至河南电视台产生好的印象，接着他们就会多关注这个频道。

马莱兹克的系统模式虽然列举了各种各样的影响因素，但并没有对这些因素的影响力差异进行分析。不对这些情况加以区别，我们在考察大众传播过程时很难抓住主要矛盾。

第四讲

找到共同话题
——人际传播

一、自我思考和反思——人内传播

著名雕塑家罗丹的不朽作品《沉思者》，曾经引起多少人的崇敬和仰慕。其实，沉思是我们每个人都曾经有过的一种经历，也许大部分人还不知道，在传播学中这种现象有一个专门的称呼——人内传播。

1. 什么是人内传播

人内传播也称内向传播、内在传播或自我传播，指的是个人接收外部信息并在人体内部进行信息处理的活动。人内传播是人体内部的传播，但它仍然能够通过人的活动表现出来。正如诗句“春风又绿江南岸，明月何时照我还”，诗人看到春风绿了万物，想到自己离开家乡已久，开始思念家乡，进而想象自己什么时候能够回到家乡。这两句诗就表现了诗人进行人内传播的过程。

人之所以能够进行人内传播，与人体的生理机制是分不开的。施拉姆曾经引用过温德尔·约翰逊对二人对话过程的一段描述：

一个事件发生了……

这一事件刺激了A先生的眼、耳朵或其他感觉器官，造成……

神经搏动到达A先生的大脑，又到达他的肌肉和腺线，这样就产生了紧张，未有语言之前的“感觉”等。

然后，A先生开始按照他惯用的语言表达方式把这些感觉变成字句，而且从“他考虑到的”所有语句中选择或者抽象出某些字句。

他以某种方式安排这些字句，然后通过声波和光波，对B先生讲话。

B先生的眼和耳朵分别受到声波和光波的刺激。结果，神经搏动到达B先生的大脑，又从大脑到达他的肌肉和腺线，产生紧张、未讲话前的“感觉”等。

接着，B先生开始按照他惯用的语言表达方式把这些感觉变成字句，并且从他“考虑过的”所有字句中选择或抽象出某些词。

B先生以某种方式安排这些词，然后相应地讲话或做出行动，从而刺激了A先生或其他某人。这样，传播过程就继续进行下去……

上面的这段描述详细地展现了人内传播的各个

细节。A 先生和 B 先生都经历了一个人内传播的过程。在对话开始之前是 A 先生，对话之后是 B 先生，对他们两个人的人内传播的过程的描述基本相同：首先是感官接收外部世界的信息，在体内通过大脑来处理这些信息，然后，把处理的结果转化为信息输出前的预备状态。

温德尔关于对话过程的这段描述，说明人内传播一般是由感受刺激、神经传导、大脑活动和肌体反应等若干环节和要素构成的。这些环节和要素是人的身体所固有的功能。这意味着，人体本身就是一个完整的信息传播系统。为什么这样说呢？因为人体本身具有一般的信息传播系统的特点。首先，人体有信息接收装置——感官系统，比如，人的眼睛、耳朵、鼻子等都可以接收外界的信息。其次，人体也有信息传输装置——神经系统，会将看到的、听到的、闻到的信息通过神经系统传输给大脑。这就涉及人体的记忆和处理装置——人的大脑。人类的大脑可以记忆并处理一些信息，比如，开口之前选择用哪个词、用哪个字眼等。再次，人体有输出装置——发声等表达器官，也有控制这些器官的肌肉神经。

从上面的分析可以看出，人体就是一个天然

的非常完整的信息系统，当然，这只是从生理学的角度来描述人内传播。人体在作为一个独立的有机体的同时，还与自然和社会外部环境保持着普遍联系。因此，要考察人内传播还必须从人的能动的意识和思维活动以及社会心理的角度进行分析。

2. 人内传播的能动意识和思维活动

人不像花草树木不能自己思考，不像电脑程序你输入什么就接收什么，也不像一般的动物只能做出条件反射的反应。人有能动意识，能够进行思考并作出相应的反应。

辩证唯物主义认为，自然界从自身的发展中产生出能够思维的人，经历了一个漫长的历史过程，其中，起决定性作用的环节有如下三个：

一、由一切物质所具有的反应特性到低级生物的刺激感应性。

二、由刺激感应的反应形式到高级动物的感觉和心理。

三、由一般的动物感觉和心理到能动的人的意识的产生。

当然，每前进一个环节，人类的大脑就发达一次。随之，人内传播的人内信息系统也就更加完善一次。同时，这也使得人内传播复杂一次。从前面的介绍我们看到，人内传播不外乎是个人内部的意识、思维或心理活动。这个过程是由感觉、知觉、表象、概念、判断、推理等环节或要素组成。此外，人内传播还伴随着人的感情和复杂的心理活动，它们在很多情况下对人内传播的过程和结果产生重大的影响。

小雅和王达是高中同学，后来又考上了同一所大学，顺理成章谈起了恋爱。眼看临近考试，由于平时玩的时间过多，两个人都开始进行紧张的复习。

可能是由于太用功了，小雅出现了感冒的症状——喉咙疼痛。她就给王达打电话，让他去买点药。接电话时，王达正在思考一道数学题，随口答应了下来。王达本想做完这道题就去，谁知道一做起题来竟然把这件事情忘了，再想起这件事的时候已经过去两三个小时了。王达一惊，坏啦！他掏出手机赶快给小雅打电话，但是小雅的电话一直没人接听。王达赶快跑去找小雅道歉。

小雅一看到王达，就气不打一处来，心想：“怎么到现在才来，肯定是故意的，一定不关心我，说爱我什么的都是假的，这么一点小事就露出原形了！”她暗暗决定不搭理王达。看到王达，她装作不认识，对于他的笑脸和话语，她更是像没有听见和看见一样不发一言一语转身就走了。

在上面这个案例中，王达和小雅都经历了人内传播的过程。当王达找小雅道歉的时候，小雅自然看到了王达，也听到了王达说的话，当然，小雅也是会说话的，说明人内信息系统是完备的。但是，小雅并没有回应王达，说明了王达和小雅之间的这次传播并不顺畅，其原因就是小雅在进行人内传播的时候受到心理、情感因素的干扰，这些因素直接决定了小雅个人人内传播的结果——不原谅王达。当然，影响人内传播的感情和各种各样的心理定式也并不是生来就有的，而是在迄今为止的社会实践中，通过对事物的实际体验或社会学习形成的。

结合以上分析和论述，我们可以从以下几个方面理解人内传播。

●人内传播与外部环境

人内传播是一个人体内部的信息处理过程，这个过程不是孤立的，其两端都要和外部过程连接。要进行人内传播首先也需要从外界获得信息，如“夜来风雨声，花落知多少”这句诗，诗人首先在夜里听到风雨声，人内传播是思考落花多少，最后，诗人将自己的个人思考写成了这两句诗。这句诗一直流传到今天，我们现在的人也能够看到，还有人去背诵、去解释、去注释等。

由此可见，人内传播并不孤立的，而是作为一个个体系统运行的。它的输入源泉是外部环境，输出的对象也是外部环境。这里的环境是自然的也是社会的。

●人内传播与社会实践

毋庸置疑，人内传播与人的生理机制密切相关，但从本质上来看，人内传播是对社会实践活动的反映，具有鲜明的社会性和实践性。如果抛开人类的社会实践来谈人内传播，那么，人内传播就与其他动物的体内传播没有什么本质区别了。

●人内传播的能动性

人内传播自然也要与外部世界接触，但是，这种接触是积极的、能动的，并不是消极地、被动地反映外部世界。人内传播的能动性表现在人的意识和思维活动具有生产性和创造性，不是对已有的知识、观念、思想进行的简单“复制”，而是在已经知道的知识的基础上不断地发现未知、创造新知和新观念以及新思想。刘禹锡的“自古逢秋悲寂寥，我言秋日胜春朝”是一个很好的例子，他找了一个全新的角度看秋，这是他个人能动性的人内传播的结果。

●人内传播与其他传播的关系

人内传播是人类传播的一种形式，是其他一切传播活动的基础。任何一种其他类型的传播，如人际传播、群体传播、大众传播等，都必然伴随着人内传播的环节。人内传播的性质和结果，也必然会对其他类型的传播产生重要的影响。

3. 心理活动的人内传播

人内传播过程是伴随着人类的心理活动的。从“心想事成”这个成语就可以看出。“心”为什么会想？因为接收到了外面的信息。“心想”的过程就是人类传播的过程，“心想”的结果是事成，可见，人内传播的作用不可小觑。

古希腊的塞浦路斯岛曾有一位名叫皮格马利翁的王子。他十分厌恶塞浦路斯妇女的放荡不羁的生活方式，立誓终身不娶。

这位王子也是一位雕刻艺术家。他用象牙雕刻出一尊栩栩如生的绝色少女。他反复琢磨、日夜欣赏，最后竟然爱上了这座雕像。

皮格马利翁苦苦哀求爱神维纳斯把酷似这座雕

像的女子赐他为妻。维纳斯被皮格马利翁的深情打动，赋予了雕像生命，皮格马利翁如愿以偿地和这位少女结为夫妻。

在我们的日常生活中也不乏这样的例子，只要“自我”有主动意向，往往就会美梦成真。

从人们将人内传播称为“自我”传播可以看出，人内传播是个人的主体意识——自我意识主导下的传播活动。人们对于“自我”常有不同的看法，笛卡尔的“我思故我在”就是其中一类观点。这一观点认为，“自我”绝对精神的体现是一种完全超越社会的、个人主义和利己主义的东西，他人的存在受到无视和否定，自我是一种孤立的事物。另一类观点就认为，“自我”并不是封闭和独立的，具有鲜明的社会性和互动性。

●米德的“主我与客我”

最早从传播的角度对人的自我意识及其形成过程进行系统研究的是美国社会心理学家米德。他发现，所谓的“自我”可以分解成“主我”（I）和“客我”（Me）两个方面。简单地说，“主我”就是那些做出决定、行为和表现的自我，是其他人能够看得到的；“客我”是做决定行为时考虑外界看法的自我。

一个女人看到她的朋友们都有金项链，于是就让老公也给自己买一条金项链。老公爽快地给她买了一条金项链。拿到老公买给她的金项链之后，她没有立刻戴上而是收了起来，仍旧戴着5块钱的假货。老公看了感觉很奇怪，就问她为什么不戴。她告诉老公，她并不是真的在乎自己所戴的金项链是真的假的，她只是不想让朋友觉得她没有真的金项链。

从故事中的女主角的“自我”就可以看出明显的“主我”和“客我”两个方面。向老公提出买金项链以及买了之后收起来不戴的都是女主角的“主我”；这背后，她考虑的其他人对自己的看法是“客我”。

当然，从上面的故事中还可以看出来构成“自我”的“主我”和“客我”也都是相互联系、相互促进的。“客我”可能会促使“主我”产生新的变化，而“主我”也可以反过来改变“客我”，同时，自我就是在“主我”和“客我”这种不断的相互作用中逐渐形成的。人内传播就是一个“主我”与“客我”之间双向互动的社会过程，互动的介质同样也是信息。米德用“有意义的象征符”来描述这种现象。这里所谓的“有意义的象征符”可能是声音的，也可能是形象的。米德认为，“有意义的象征符”不但能够促使他人做出反应，而且能够引起使用者自己也做出反应。人内传播的思考活动，其实就是通过这种“有意义的象征符”来进行的。

●布鲁默的“自我互动”

说到人内传播，不能不提布鲁默的“自我互动”理论。那么，什么是自我互动理论呢？顾名思义，就是自己与自己互动。布鲁默认为，人能够与自身进行互动，简言之也就是自我互动。作为现代象征互动理论的集大成者，“自我互动”理论也是对人内传播的社会性和象征性的一个很好的说明。这一理论在他 1969 年出版的《象征互动论》一书中提出。

此外，布鲁默还认为，人是一个拥有自我的社会存在，在将外界事物以及其他人作为认识对象的同时，也把自己本身当作要不断认识的对象。人在认识自我的过程中，不仅能够认识自己，建立自己的观念，还能够与自己进行交流或传播，能够对自己采取行动。

布鲁默指出，从本质上来看，人的这种与自身的互动，也就是“自我互动”，其实是人与他人进行社会互动的内在化，也就是与他人的社会联系或社会关系在个人头脑中的反映。当然，这并不是与他人的社会互动在个人头脑中的简单重复、重现，而是具有自己的特点。换句话说，个人在自我互动的过程中，脑子里会出现关于他人期待的印象，这些期待具有一定的意义，个人会考虑这些期待对自己意味着什么。但是，个人又不是原封不动地接受这些期待，在人内传播的过程中，个人会沿着自己的立场或行为方向对他人期待的意义进行能动的理解、解释、选择、修改、加工，并在此基础上重新加以组合。经过这个过程的他人期待已不是原来意义上的他人期待，它所形成的自我也已不是原来意义上的自我，而是一个新的行为主体。

从布鲁默的“自我互动”理论可以看出，人在社会中对其他的对象进行传播的同时，也对自己进行传播——自我传播。当然，人的自我传播并不是一个孤立的存在，而是具有社会性的，是个人与他人的社会传播关系反映在个人的头脑之中。

●内省式思考——人内传播的一种形式

“吾日三省吾身”是一句家喻户晓的名言，这里面所说的“三省”就是人对自己的一种反思活动——内省，也是一种重要的人内传播形式。内省可分为两种，一种是日常的、长期的自我反思活动，以完善个人的品德和行为为目的，具有明显的长期的目标性和连贯性；另一种是短期的、以解决现实问题为目的的自我反思活动，称为“内省式思考”。

根据米德的研究，内省式思考在日常生活中并不是时时刻刻都会发生的。只有在一个人遇到困难、障碍等新情况时，由于很难判断以往的行为方式是不是适用这种新情况，内省式思考才活跃起来。这是因为在面对新问题、新情况的时候，人们过去的那些习惯性的做法是不是能够解决新的问题，通常不会立即做出行为反应。所以，在反应滞后、行为停止的这段时间，内省式思考就会活跃起来，通过人内传播来思考如何解决新问题、适应新情况，并做出最终的决策。

当然，我们这里所说的“内省式思考”并不是自我封闭的过程，而是与周围的社会环境以及其他人有着密切联系。人在内省的过程中，头脑中会出现他人的形象，个人会分析和推测别人是如何考虑的，别人对这个问题会采取什么态度等，只有联系他人的思考过程后才能形成个人自己的态度并考虑自己应该怎么做。这个过程，也是一个重新构筑自我与他人关系的过程。因此，内省式思考的过程也是一个社会过程。

米德认为，“内省式思考”不仅是人内的一个横向的社会过程，还是一个人内的纵向过程。内省式思考的过程会将过去和未来联系起来，向纵深发展和创造。换句话说，在这种活动中，个人会把自己迄今为止有关该问题的社会经验和知识积累（作为有意义的象征符而保存在头脑中的记忆符号）全部调动起来，对它的意义重新进行解释、选择、修改和加工，在此基础上创造出与新的状况相适应的新的意义和行为。

由此可见，在超越既有意义开创新意义、超越既有行为方式开创新的行为方式方面，内省式思考是与人的未来发展密切相关的一种活动。当然，这些内省式思考所具有的特点同时也是人内传播所具有的特点。它充分说明，人内传播并不是孤立的、封闭和绝对的“主观精神”的活动，而是一个与人的社会实践相联系的活动。人内传播在本质上是人的社会关系和社会实践的反映，当然，人内传播的这种反映不是对社会关系或实践的消极、简单的“复制”，而是一种具有特殊规律的能动的、创造性的活动。人内传播反过来会对现实的社会关系和社会实践产生巨大的影响。因此，人内传播也是一股推动社会发展的强大动力。

二、一对一的信息交流——人际传播

走在大街上遇到了一个熟人，相互打了招呼，聊了几句天，这是再平常不过的事情了。这样一个平常到我们几乎都会忽视的事，在传播学中有一个专门的术语叫作人际传播。

1. 为什么要进行人际传播

我们见到熟人打招呼，是因为我们认识；我们通过电话和客户沟通，是因为要谈成生意；我们在网上与朋友聊天，是因为要联络感情。这样看来，人际传播不仅方式多，而且目的也各不相同。

●人际传播的形式

人与人之间的交流沟通，可以是面对面的交谈，也可以通过电话、邮件、QQ、微信、短信、微博等形式进行，总体上来说人际传播的形式有以下两种。

一种是两个人面对面的直接传播，我们平时的面对面的聊天、交谈等就属于这种情况。面对面传播是以语言表达信息，用表情、姿势来强化、补充、修正语言的不足，从而增强传播的效果。

一种是以媒体为中介的间接的人际传播，使用的媒体主要有电话、交互电视、计算机网络、书信等。它可以使传者与受者克服空间上的距离限制，从而提高传播的效率。

●人际传播的动机

人为什么要进行人际传播呢？人际传播的动机是什么？总体来说，人际传播的动机可以划分为以下几种。

首先，人际传播是人类生存和发展的需要。无论是在社会环境中还是在自然环境中，要生存下去，就需要了解周围的环境，就需要获取信息。远古时代，面对面的人际传播是信息的主要来源。当然，即便是在通信工具发达的现代，我们也需要通过人际传播来获取信息。我们在日常生活中经常会看到成群结队的大爷大妈到超市或者销售地点抢购打折、特价商品，这些大爷大妈很多都是通过人际传播获取这些销售信息的。

当然，在人际传播过程中，这些信息的获取并非都是通过正式的交流获得的。有些交流是正式的，比如咨询、座谈会等；有些交流是非正式的，比如聊天、闲谈等。

其次，人际传播是人与人之间建立协作关系的需要。当今是一个集体取胜的时代，发挥集体的力量需要集体成员及时地交流和沟通，只有获取了足够的信息，团队才能够取得成功。这样的例子在我们的生活中随处可见，如一场谈判的成功，一个电视剧的杀青、一场晚会的成功等。此外，许多看起来是个人独立完成的工作，都是建立在多人配合的基础上的。比如讲一堂课，有讲有听有互动才算成功。

再次，人际传播是自我认知和相互认知的需要。人需要正确恰当地自我认知，而要准确地自我认知就需要与外界环境和他人互动和沟通，也就是说人的自我意识很大程度上是在与他人互动交流的过程中形成的。这一点从前面介绍的“主我”“客我”以及“自我互动”理论可以看出来。此外，库利还提出了“镜中我”的概念，简单地说就是他认为人的行为很大程度上取决于对自我的认识，这种认识主要是通过社会互动形成的，如他人对自己的评价、态度等。具体来说，人是通过三个联系来认识自我的。

一、关于他人如何认识自己的想象；

二、关于他人如何评价自己的想象；

三、自己对他人这些评价和认识的情感。

沟通越活跃、越全面，形成的“镜中我”也就越清晰，对自我的认识也就越准确、越客观。

“不打不相识”说的就是人与人之间的互相认识也是在沟通和交流的基础上形成的。人与人之间的顺利合作建立在相互信任和认同基础之上，当然，这需要大量的人际传播。

最后，人际传播能满足人的心理需求。人是社会性动物，需要朋友，需要建立自己的朋友圈，需要娱乐伙伴，需要倾诉对象，需要建立和谐的人际关系。而这些都需要人际传播。

上面提到的四种人际传播的动机都是积极正面的。在复杂的社会环境中，人际传播的动机绝不仅仅是以上四种，还有一些负面的、消极的人际传播动机，于此不再一一赘述。

2. 人际传播的特点及社会功能

春暖夏热秋凉冬寒，这句话总结了一年四季的天气特点。“春风化雨”这个词说明了春风的一个功能：可以带来雨水。那么人际传播作为一种社会传播方式又具有怎样的特点和功能呢？

●人际传播的特点

人际传播，特别是面对面的交流、沟通具有以下几个重要特点：

第一，渠道多，方法灵活。

当两个人面对面交流时，也就是进行人际传播时，可以传递和接收信息的渠道是很多的，而且方法也很灵活。也就是说在这种情况下传播者不仅可以使用语言，而且能够运用表情、眼神、动作等多种渠道或手段来传达信息；同样，受传者也可以通过多种渠道来接收信息。

第二，传递的意义丰富而复杂。

“锣鼓听声，说话听音”告诉我们：要领悟说话者所说的话，是不能仅仅从表面上去听的。人际传播中的信息包含的意义会更为丰富和复杂。这个特点和第一个特点密切相关，也就是说，在面对面的情况下，多种渠道和多种手段的配合会形成特殊的传播情境，这种特殊的情境会产生新的意义。

第三，是一种非制度化的传播。

这一点我们每个人都可以感受得到，一个空姐在飞机上的时候，要怎么行走、微笑，甚至和顾客说话打招呼，都是经过培训的，都有严格的要求，这是因为此时的空姐代表的不是她个人，而是整个航空公司。但是，空姐下班之后与朋友聊天就可以不用去考虑这些，因为，此时她所进行的是人际传播。从这一点来看，人际传播属于一种非制度化的传播。

当然，这并不是说人际传播不受任何制度化因素的影响。相反，人际传播也是社会关系的体现，参与的双方虽然都是拥有独立意志的主体，但都是由一定的社会关系相连接的。人际传播的内容，双方使用的言辞、语气、态度等，无一不是这些关系的反映。这里所说的非制度化，主要指在传播关系的成立上，人际传播具有自发性、自主性和非强调性，人际传播主要是建立在自愿和合意的基础上。

第四，相对自由而平等。

在人际传播中，传播双方都没有权力去强制对方，从这个意义上来看，人际传播是一种相对自由和平等的传播活动。

第五，双向性强，反馈及时，互动频度高。

人际传播以一来一往的形式进行，传播者与受传者不断交换彼此的角色，每一方都可以随时根据对方的反应把握自己的传播效果，并相应地修改、补充传播内容或改变传播方法。因此，人际传播是一种高质量的传播活动，尤其在说服和沟通感情方面，其效果要好于其他形式的传播。人际传播是社会传播的一个重要组成部分，对个人和社会有重要的意义。

●人际传播的社会功能

人际传播的社会功能是多方面的。它是社会成员交流信息的重要渠道，是实现社会协作的重要纽带，是传承社会文化的重要工具。对个人来说，人际传播也是完善和发展自我的重要途径。到目前为止，传播学对人际传播社会功能的研究主要集中在两个领域。

第一，人际传播在个人社会化过程中发挥的作用。

人不仅是一个自然人，还要演变成一个社会人。这里所指的“社会化”就是说一个人由自然人转化为社会人的过程。从个人的角度来说，它指的是个人学习语言、知识、技能、行为准则等以适应社会环境的过程；从社会角度而言，它指的是社会成员形成大体一致的观念、价值和社会规范体系，从而使社会秩序维持、社会发展的连续性得到保证的过程。

人际传播在人的社会化过程中发挥着重要作用，特别是人际传播中的初级群体之间的人际传播更是起着重要的作用，对人格的形成发挥着重要的作用。传播学中在揭示人际传播在个人社会化过程中的重要作用的研究成果有米德的“主我与客我”的理论等。

第二，人际传播对大众传播效果产生的影响。

人际传播不仅影响人与人之间的关系，还影响人的社会化，会对大众传播的效果产生影响。这个影响分为两个方面，要么是加强大众传播的影响力，要么是削弱大众传播的影响力。我们大家都曾有过这样的经历：好朋友告诉你，她看了某个好看的电视节目，你也就跟着去看了；好朋友告诉你，她特别讨厌某个节目，你在看这个节目时也觉得越看越不对劲了。人际传播对大众传播的影响的主要研究成果有“意见领袖”与“两级传播”理论、“创新扩散”理论等，后面我们会详细论述。

三、人际影响与媒介效应

通过人际关系的传播与通过媒介组织的传播，是两种主要的传播类型。二者互相作用，相辅相成，共同编织起一张人类社会的信息网络。因此，在以探讨大众传播为主的传播学中，有许多研究都涉及人际交往与媒介网络这两个方面，都难免将人际影响同媒介效应结合在一起进行考察，其中最典型的就是两级传播和创新扩散论。

1. 两级传播

两级传播论，是传播学的经典理论之一。提出这一理论的代表人物，就是传播学四大先驱中的社会学家拉扎斯菲尔德。1940 年，拉扎斯菲尔德以哥伦比亚大学应用社会学研究所所长的身份，带领着自己的同事对当年的美国大选进行了一项规模空前的传播研究，这项研究的一个重要成果就是两级传播论。

●两级传播

顾名思义，两级传播就是传播过程分为两个阶段。拉扎斯菲尔德等人通过调查发现，信息从大众媒介到受众，需要经过两个阶段：首先信息从大众传播媒介到达舆论领袖那里，然后舆论领袖再将信息传递到社会公众那里。也就是说，信息的传递是按照“媒介—意见领袖—受众”这两种传播的模式进行的。这被称为两级传播论。

两级传播是指在大众传播时代，信息总是先由大众媒介传播给社会成员中的少数舆论领袖，然后再由舆论领袖扩散给全体公众。这一信息流程分为两步，所以叫两级传播。模式见下图所示：

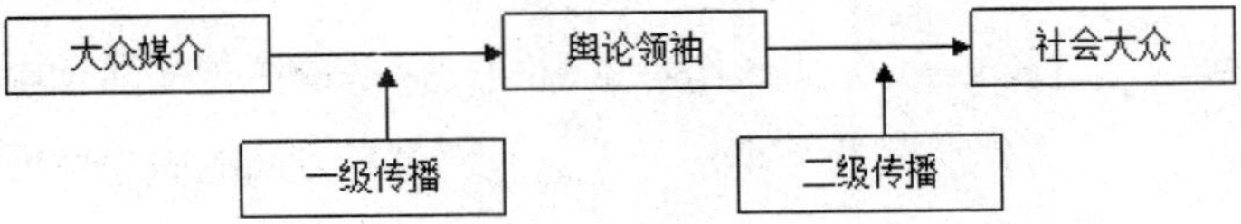

图 4-1 两级传播模式

从上面的图示可以看出来，在两级传播过程中，第一级的传播属于大众传播；第二级的传播属于人际传播。所以，两级传播论等于把人际影响同媒介效应结合为一体了。

从两级传播模式上，我们可以清楚地看出来，这一理论重点强调的是传播的第二个阶段，也就是人际传播的重要意义。因为第一级传播表明，媒介只能影响公众群体里的一小部分舆论领袖，其余的绝大部分人都是经由舆论领袖获取信息。事实上，两级传播论本身就是要表明，在信息的传递过程中，人际传播的效力要大于大众传播，或者说在信息的流通过程中，人际网络的影响要远远大于媒介渠道的作用。

●舆论领袖

通过上面的两级传播模式，我们可以看到一个关键——舆论领袖，所谓的舆论领袖（Opinion Leaders），又译作意见领袖。它是指在传播活动中表现活跃的一小部分人，他们对某方面的事态发展比较关心、比较了解，因此，能向他们身边那些广大的公众群体提供这方面的有关信息，并对此做出相应的解释。换句话说，舆论领袖就是那些积极主动地向其他人提供某方面的客观事实并加以主观评断的人。在我们的周围总有这样一些人，他们对某一方面很感兴趣，而且了解很多，说起来头头是道。比如，有的人对电影特别感兴趣，知道不少有关电影的情况：哪部电影讲什么的、谁导演的、男女主角是谁等。他们不仅告诉大家许多电影方面的信息，而且对许多问题也进行了解释。可以说对电影业了如指掌并且热心向周围的人介绍的人，就是电影方面的舆论领袖。

总之，舆论领袖有几个特征。首先，舆论领袖人数不多，只是全体公众中的一小部分。正因如此，才有所谓领袖之称。其次，舆论领袖大都只是某一方面的专家，并非在所有方面都能担当领导舆论的重任。比如，美食方面的舆论领袖未必是国际形势方面的舆论领袖等。最后，舆论领袖必须上通媒介下连公众。一方面，他得同媒介保持密切的接触，也就是说他得大量阅读报章杂志，翻阅有关书籍，经常收听广播，经常观看电影电视等，这样他才有可能掌握大量相关信息。另一方面，舆论领袖又得同一定范围内的公众建立广泛的联系，进行频繁的交往，这样他才能把信息扩散给大家，从而才有资格享有舆论领袖之誉。一个同媒介联系密切但同身边群众很少来往的人，不能算是舆论领袖，如性格孤僻内向的人；相反，一个人见人爱但却很少同媒介打交道的人，同样也不算舆论领袖，如人缘好的人。总而言之，舆论领袖必须同时与媒介和公众保持密切的往来，二者缺一不可。

2. 创新扩散论

拉扎斯菲尔德的两级传播论提出之后，传播学界又出现了一系列相关的新的研究。学者们各显神通，其中最为人乐道的就是罗杰斯与休梅克的创新扩散论。

创新扩散是指一种新事物，如新观念、新发明、新风尚等，在社会系统中推广或扩散的过程。

它与人际传播和大众传播密不可分，扩散的过程其实就是传播的过程。

罗杰斯与休梅克的研究应该是创新扩散研究中最有成就的一个，1971 年，这一理论在两人合著的《创新的传播》一书中首次提出来。

罗杰斯与休梅克的创新扩散模式把整个创新扩散过程分为三个阶段，即前提、过程和后果，实际上就是创新的准备、创新的扩散和创新的结局。

●**前提部分**

这一部分包括两个方面：一是个人因素，即所谓“接收者变数”；二是社会因素，即社会系统变数。一个新事物是否能扩散开来，一方面要受制于个人，也就是说和传播对象的个人有关，如果对象是一个守旧式的人物，就很难使他接受新事物；另一方面取决于特定的社会环境，大的社会环境也会影响人们去尝试接受新事物。在旧社会偏远封闭的小山村，即便有谁肯采纳新的生活方式如自由恋爱、外出打工，也难免要承受强大的社会压力，从而难逃失败的厄运。所以，新事物的扩散必须以个人与社会两方面的开明及进步为前提。在这两方面中，起决定性作用的还是社会环境因素，社会因素是制约创新与变革的关键环节，也是决定新事物与新时尚流行的关键环节。如对偏离的容忍度而言，它其实就是指一个社会对背离传统、违反习惯的东西所具有的宽容程度。这种容忍度越大，新事物就越容易推广，反之亦然。再就其中的传播完整度而言，它无非是指一个社会的传播系统的先进程度。一个社会的传播系统越先进，新事物在这里就扩散得越快。假如是在媒介云集、传播发达的北京，一种新事物会迅速扩散开来；而在边远山乡，扩散过程就迟缓、困难得多。

●过程部分

这是创新扩散模式的第二个部分，也是这个模式的核心。如果说前提部分是创新扩散的准备阶段，那么，过程部分便是它的进行阶段。

罗杰斯与休梅克进一步将过程部分划分为四个步骤：了解、劝服、决策和证实。这四个步骤都离不开传播。传播信源，就是提供有关新事物信息的各种来源，如新闻、报道、广告、传单、标语、小册子、宣传栏、文艺作品、书籍杂志以及演讲、报告、谈话、信件等。不论是了解新事物，还是做出决策采纳新事物，都要同这些传播来源打交道。比如，对一种新观念的了解，要么通过别人介绍等人际传播方式了解，要么通过报刊杂志、广播电视等大众传媒被告知。下面我们详细了解一下在这四个步骤中消息的传播情况。

第一步是了解。要让一个人接受一个新事物，首先就是要了解这个新事物。比方说一种新款式的服装，不管自己最终想要还是不想要，总得先知道它是个什么样子，这就是了解。了解实际上就是对新事物的认识。在了解新事物的过程中，大众传播能够发挥最大的效力，因为其长处就在于告知，它能迅速而广泛地把有关新事物的各种详细信息传播到千家万户。

第二步劝服。在这里是指人们在了解到了新事物及其价值之后，对新事物所进行的一个评估。实际上，这是一个新旧事物相冲突的阶段。在这个阶段，人际传播的作用最大，因为人际传播的长处在于劝服。

经过了解与评估之后，人们对一种新事物便形成肯定或否定的态度，接着便决定究竟是接受它还是排斥它。这就是过程部分的第三个步骤——决策。

第三步决策。决策有两种可能性：一是肯定性决策，即采纳建议，接受新事物；二是否定性决策，也就是拒绝接受。这两种决策又各分两种可能。拒绝的两种可能：一是固守成规，对新事物始终不感兴趣，即所谓继续拒绝；二是暂时不想采纳，而以后可能会接受，即所谓以后再采纳。采纳也可能分为两种可能：一是乐此不疲、始终对新事物抱有热情，即所谓继续采纳；二是半途而废，即所谓中断。中断也可能有两种原因：一是被更新的东西吸引，以之取代正在采纳中的新事物；二是对新事物的热情锐减，对采纳的事物不再着迷。

第四步证实。人们在做出肯定或否定的决策之后，还要设法寻求信息资料以证实自己的决策正确。比如，当一个人已决定买格力空调，买回家后，他还会有意无意地留心空调方面的商品信息，自觉不自觉地想从中找出有利的根据，以便证明自己买的空调最先进、最划算。当然，这种证明不一定非得公开，也许只在潜意识中进行。也就是说，所谓证实就是寻求自我安慰，是为达到心理满足、心理平衡而对已经做出的决策的维护。

从传播的角度看，创新扩散模式的四个步骤都与信息的流通和传播密切关联，每一步都离不开获取信息和寻求咨询。

●结果

总之，无论是继续采纳还是中断，无论是以

后再采纳还是拒绝，一直固执地拒绝——这些统统属于创新扩散的结局。一种新观念、新发明、新风尚、新做派一旦传入一个社会群体之中，在被人们了解之后，总要有个结果。其最终的结果要么是被拒绝，要么是被采纳，二者必居其一。当然，这个结果也就是罗杰斯—休梅克创新扩散模式的第三部分即后果的含义。

第五讲

一对多，自由而负责

——大众传播

一、什么是大众传播

大众传播对我们这些被大众传播包围的人而言再熟悉不过了。书籍、报刊、广播、电视等大众传媒的信息传播活动不仅普及到社会的每一个角落，而且渗透到社会生活的各个方面。大众传播的普遍影响、强大作用，使它成为现代社会中最重要的信息系统。

1. 什么是大众传播

我们每天都会接触大众传播媒介，那么，到底什么是大众传播？这个问题看起来似乎很容易回答：报纸、杂志、广播、电视等传播媒介从事的信息传播活动就是大众传播。我们每天读书、看报、听广播、看电视，就是在接触大众传播。这种简单的理解并不能帮助我们把握大众传播的实质。

●大众传播

大众传播中的“大众”包含了三层含义：传媒机构的规模很庞大；传播内容是大批复制的；传播对象的人数很多。由此可见，所谓大众传播无非是指媒介组织通过大批复制迅速传播信息，从而影响庞杂的受众的一个过程。

当然，对于什么是大众传播，不同的学者给出了不同的定义。这些界定都是学者们从自己的研究角度给出的，带有一定的目的性。实际上，由于大众传播是一种极为复杂的社会现象，仅凭一个简短的定义是不可能概括它的全部特征的。为了叙述的方便，我们还是要给大众传播下一个定义。简而言之，大众传播就是专业化的媒介组织运用先进的传播技术和产业化手段，以社会上一般大众为对象而进行的大规模的信息生产和传播活动。

关于大众传播的过程，传播学的集大成者施拉姆先生曾经提出过一个大众传播的过程模式，该模式如图 5-1 所示。

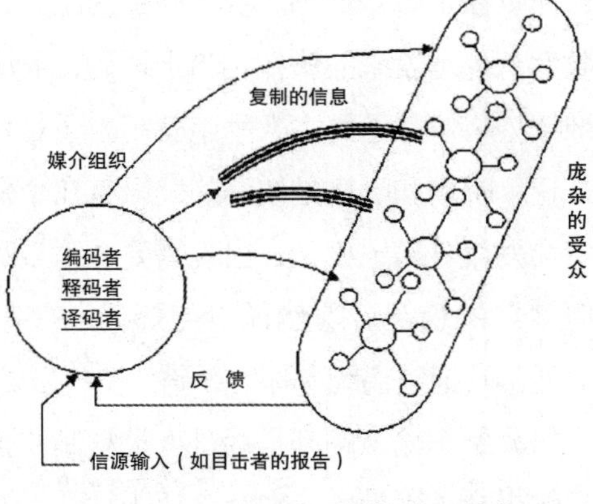

图 5-1　施拉姆大众传播过程模式

这个模式是施拉姆在 1954 年提出的。在如今众多的大众传播模式里，这个模式依然因其简洁与通用而受到传播学者的重视。媒介组织是这个模式的核心，它显示出大众媒介在大众传播中所占据的主导地位。

从上面的图示可以看出，信源输入的信息要经过媒介组织，比如电台收到通讯员发来的通讯稿。输入的信息需经过译码、释码和编码。比如，电台的编辑要阅读通讯稿，从稿件中选出有价值的、适宜刊登的内容，之后对这些内容进行修饰加工。在这里释码同译码可以看作是一回事。对传播者发出的信息，受众得进行接收和理解：接收信息是译码，理解信息就是释码。一句话你听到了，这是译码，而听懂了就是释码。打个简单的比方，快递员接收到从外地发来的快件相当于译码，而快递员能够准确地将快件送到主人手中就相当于是释码。一般来说，听到和听懂是统一的，只有在个别情况下二者会发生分离，例如，出现需要“锣鼓听声，说话听音”的情况。既然译码与释码一般都是一回事，通常就把它们统一称为译码。

媒介组织输出的都是经过大批复制的含有相同信息的媒介，比如，一家杂志社印行几十万上百万份相同的杂志。这种大批输出的信息洪流，源源不断地涌向受众群体。在庞杂的受众中间，会有一小部分相对来说比较活跃的受众，这就是所谓的舆论领袖。他们在模式中用大圆圈来代表，围绕着他们的便是绝大多数的普通公众。

大众传播就是大规模的媒介组织向大范围的受众传递大批量的信息的过程。如果说人际传播属于点对点的传播，那么大众传播就应该是属于点对面的传播了。

●反馈

反馈是大众传播过程中一个不容忽视的重要环节。从字面意思来看，一个系统的输出之中有一部分又返回该系统的输入一端，或者说一个系统的输出中有一部分又作为输入重新加入该系统，这样做的目的是更好地调节系统的输出状况。在通信与电器领域，反馈十分常见，反馈的运用也非常普遍。许多电路有反馈系统，也就是从输出的信号中提取一小部分，然后使之返回并加到原来的输入信号之中。如果没有反馈，电路的工作状态就很难稳定，而且通过适当的反馈可以达到最佳的输出效果。也就是说，反馈其实就是信息的反向传播（也就是从输出方向向输入方向传播），也称为信息的部分倒流现象。

传播学借用反馈这个概念除了含有信息的反向传播这种字面上的通用意义之外，还包括了受众对传播内容的反应这层特定意义。报纸的发行量、广播的收听率、电视的收视率、读者来信、听众电话等，都属于传播学所说的反馈。这种从受众一方到传者一方的回流信息，同电信工程上反馈情形颇为相似：从形式上看，它们都是从输出返回输入的信息；从作用上看，它们都在调节和改善整个输出。所以，反馈这个原属生物学、电气学的术语便自然而然地被传播学借用，并成为传播学中的一个主要概念。

对传播而言，尤其对大众传播来说，反馈也像在电信工程中一样必不可少。离开反馈，电路便难以正常运行；同样，没有反馈，传播也无法有效地进行。失去反馈的传播犹如无的放矢，对空扫射。

2. 大众传播具有的特点

大众传播与其他类型的传播活动相比，具有哪些重要特点呢？这个问题，我们可以从下述几个方面来把握。

●大众传播中的传播者是从事信息生产和传播

的专业化媒介组织。这些媒介组织包括报社、出版社、广播台、电视台以及以大量发行为目的的各种音乐、影像制作公司。在西方国家，媒介组织以公共法人和企业法人为主；在我国，则以采取企业经营方式的公有制事业机构为主。这个特点说明，大众传播是有组织的传播活动，是在特定的目标和方针的指导下的传播活动。

●大众传播是运用先进的传播技术和产业化手段大量生产、复制和传播信息的活动。大众传播的出现和发展，离不开印刷技术以及电子传播技术的进步。高速轮转机的发明使报刊等印刷物的大量出版成为现实，电子通信技术使广播、电视成为远距离大量传输信息的媒介。现在，激光排版、电脑编辑、卫星通信、数字化多媒体技术等更进一步扩大和提高了大众传播的规模、速度和效率，并使它成为现代信息产业的主要部分。

●大众传播的对象是社会上的一般大众，用传播学术语来说即“受众”。受众是一个模糊的集合概念，并不特指社会的某个阶层或群体，而是指社会上所有的“一般人”。任何人无论其性别、年龄、社会地位、职业、文化层次如何，只要接触大众传播的信息，便是受众的一员。受众的广泛性意味着大众传播是以满足社会上大多数人的信息需求为目的的大面积传播活动，也意味着它具有跨阶层、跨群体的广泛社会影响。

●大众传播的信息既具有商品属性又具有文化属性。大众传播作为生产信息产品的产业，其产品价值是通过市场得到实现的，人们无论从印刷媒介还是从电子媒介获得信息，都要支付一定的费用，大众传播的信息本身就是商品。但是另一方面，信息产品又与满足人的生理需求的一般物质产品不同，人们对它的消费主要是精神内容即意义的消费。意义是一定社会文化的产物，具有鲜明的文化属性。这里的文化是一个广义的概念，包括了社会的思想、观念、科学、道德、政治、法律、宗教、价值标准和行为规范等广泛的内容。信息与上述这些内容是分不开的。

●从传播过程的性质来看，大众传播属于单向性很强的传播活动。说它单向性强，并不是说大众传播没有任何互动机制，而是说这种机制较弱。例如，受众可以通过书信、热线电话等形式对媒介信息进行反馈，但这种反馈大多是事后的，缺乏即时性和直接性。大众传播的单向性主要表现在两个方面：一是传媒组织单方面提供信息，受众只能在这个范围内进行选择和接触，具有一定的被动性；二是没有灵活有效的反馈渠道，受众对媒介组织的活动缺乏直接的反作用能力。大众传播过程的单向作用性质为它赋予了强大的社会影响力，这种影响既包括正面的也包括负面的。

●大众传播是一种制度化的社会传播。这个特点由以上五个特点决定。换句话说，大众传播是从事信息的大量生产和传播的产业，它的内容与社会观念、价值和行为规范具有直接关系，传播过程的特殊性赋予了它巨大的社会影响力，所以，无论在哪个国家，都会把它纳入社会制度的轨道。

3. 大众传播社会“功能”说

在现代社会里，大众传播执行着极为重要的社会功能。那么，我们应该从哪些方面来理解大众传播的社会功能呢？

●拉斯韦尔的“三功能说”

在传播学研究史上，最早对传播的社会功能做出全面分析的是H.拉斯韦尔。他在1948年发表的《传播在社会中的结构与功能》一文中，将传播的基本社会功能概括为三个方面。

第一，环境监视功能。自然与社会环境是不断变化的，只有及时了解、把握、适应内外环境的变化，人类社会才能保证自己的生存和发展。在这个意义上，传播对社会起着一种“瞭望哨”的作用。

第二，社会协调功能。社会是一个建立在分工合作基础上的有机体，只有实现社会各组成部分之间的协调和统一，才能有效地适应环境的变化。传播正是执行联络、沟通和协调社会关系功能的重要社会系统。

第三，社会遗产传承功能。人类社会的发展建立在继承和创新的基础之上，只有将前人的经验、智慧、知识加以记录、积累、保存并传给后代，后人才能在前人的基础上有进一步的完善、发展和创造。传播是保证社会遗产代代相传的重要机制。

拉斯韦尔的上述观点被称为传播的“三功能说”。这三项功能是包括人际传播、群体传播、组织传播在内的一切社会传播活动的基本功能。大众传播不仅具备这些功能，而且起着突出重要的作用。

●赖特的“四功能说”

美国学者C.R.赖特在《大众传播：功能的探讨》（1959年发表）中，继承了拉斯韦尔“三功能说”，并在此基础上围绕大众传播的社会功能问题提出了“四功能说”。

第一，环境监视——大众传播是在特定社会的内部和外部收集和传达信息的活动。这里包括两个方面，一是警戒外来威胁，二是满足社会的常规性活动（政治、经济、生活）的信息需要。在这里，大众传媒的新闻报道起着尤其重要的作用。

第二，解释与规定——大众传播并不是单纯的“告知”活动，它所传达的信息中通常伴随着对事件的解释，并提示人们应该采取什么样的行为反应。新闻信息的选择、解释和评价将人们的视线集中于某些特定的事件，社论或评论也都是有明确意图的说服或动员活动。“解释与规定”的目的是向特定方向引导和协调社会成员的行为，其含义与拉斯韦尔的“社会协调”是一致的。

第三，社会化功能——大众传播在传播知识、价值以及行为规范方面具有重要的作用。现代人的社会化过程既是在家庭、学校等群体中进行的，也是在特定的大众传播环境中进行的。这个功能，与拉斯韦尔的“社会遗产传承”功能是相对应的，也有一些学者将其称为大众传播的教育功能。

第四，提供娱乐——大众传播中的内容并不都是务实的，其中相当一部分是为了满足人们的精神生活的需要，如文学的、艺术的、消遣性、游戏性的内容等。大众传播的一项重要功能是提供娱乐，尤其在电视媒体中，娱乐性内容占其传播信息总量的一半以上。

●拉扎斯菲尔德和默顿的功能观

关于大众传播的社会功能，还有一些学者从其他角度提出了另一些观点。例如，拉扎斯菲尔德和默顿特别强调了大众传播的下述三种功能：

第一，社会地位赋予功能。任何一种问题、意见、商品乃至人物、组织或社会活动，只要得到大众传媒的广泛报道，都会成为社会瞩目的焦点，获得很高的知名度和社会地位。拉扎斯菲尔德和默顿认为，这种地位赋予功能，会给大众传媒支持的事物带来一种正统化的效果。

第二，社会规范强制功能。大众传媒通过将偏离社会规范和公共道德的行为公诸于世，能够唤起普遍的社会谴责，将违反者置于强大的社会压力之下，从而起到强制遵守社会规范的作用。拉氏和默顿指出，大众传播的这项功能主要来自它的公开性。他们认为，在通常情况下，即使人们对违反规范的行为有所知晓，也不会发生有组织的社会制裁行动。但当大众传媒将问题公开化以后就不同了，一般公众就会感受到维护社会规范的“制度性压力”，会积极加入到舆论制裁的行列中去。

第三，作为负面功能的“麻醉作用”，拉氏和默顿认为，现代大众传播具有明显的负面功能。它将现代人淹没在表层信息和通俗娱乐之中，人们每天在接触媒介上花费大量的时间和精力，降低了积极参与社会实践的热情。他们在读、在听、在看、在思考，但是，他们却把这些活动当作行动的代替物。他们有知识、有兴趣，也有关于今后的各种打算，但是，当他们吃完晚饭、听完广播、读完晚报以后，也到睡觉的时间了。拉氏和默顿把这种现象称为大众传播的“麻醉作用”，认为过度沉溺于媒介提供的表层信息和通俗娱乐中，就会不知不觉地失去社会行动力，而满足于“被动的知识积累”。

大众传播作为现代社会中具有普遍影响的社会信息系统，其功能是复杂的和多方面的，任何一种分类都不可能概括它的功能。大众传播既有积极的社会功能，也有消极的、负面的社会功能。传播学研究的任务，正在于找到正确发挥大众传播积极功能的机制和规律，而最大限度地防止其消极功能可能对社会造成的危害。

二、大众传播的产生与发展过程

传播学的集大成者——施拉姆，将第一批油印《圣经》出版的日子称为“庆祝大众传播开始的日子”。当然，并不是所有的人都认同施拉姆的这一观点，有的学者认为大众化报刊的出现才是近代大众传播开始的起点。

1. 大众报刊

大众传播的产生是人类传播技术和社会发展的结果。我们知道，在大众传播诞生以前，人类经过了以口语和手抄文字传播为主的漫长时代。手抄传播效率低、规模小、成本高。中国雕版和活字印刷术使信息的生产和传播带有了“批量”性质，但长期停滞在小作坊手工作业的水平上。

15 世纪 40 年代，古登堡在中国印刷术的基础上发明的金属活字和印刷机，使信息的机械化生产成为可能，其意义是不可低估的。

在 19 世纪 30 年代以前，印刷媒介尤其是报纸已经在社会变革和社会生活中扮演了重要角色，并产生了广泛的影响。报刊诞生以后，经历了政党或政论报刊时期。这些报刊的内容以政论为主，其发行对象主要是政治组织的成员和受其影响的部分群众，且发行量大都在数千份以下，因此，还不能称之为真正意义上的大众传媒。就订阅费而言，据记载，当时此类报刊的年订费在 5 美元至 10 美元，而一般工人的周工资只有 8 美元，这个负担也不是一般大众所能承受的。

报刊成为大众传播媒介是 19 世纪 30 年代的事情，代表性的事件是“人人都看的报纸”——廉价“便士报”的出现（以 19 世纪 30 年代《纽约太阳报》和《先驱报》的创刊为标志）。廉价报纸也称为大众报纸，除了价格低廉外还具有以下几个特点：

●内容以新闻、信息和社会事件报道和娱乐为主，贴近普通大众的生活。

●发行量大，一般为几万乃至几十万份。

●读者不限于特定的阶层或群体，而是面向“分散的、异质的、不定量的、多数的一般大众”。

●广告收入成了报纸经营的主要财源。

具有上面四个特点的大众报纸在 19 世纪后半

叶和20世纪初得到了迅速的发展和普及。以美国为例，1900年日报总发行量达到1510万份，平均每户订报量接近1份；1910年总发行量达到2421万份，平均每户1.36份，达到了饱和点。

在这个过程中，报纸完成了两个转变：一是由“观点纸”向“新闻纸”的转变，二是由政党经费运营向市场化运营和企业化经营转变。换句话说，到了这个时期，报纸才成了以“报道新闻、传播知识、提供娱乐”为宗旨的信息产业，才成了真正意义上的大众传播媒介。

2. 电报、电影以及广播

1838年，塞缪尔·莫尔斯发明了第一台实用电报机，1844年，美国开设了第一条电报线路。此后，这种“闪电式的传播线路”迅速发展，形成了巨大的通信网络。电报本身并不是大众传媒，但它为大众传播提供了快速有效的通信手段，而作为现代重要传播媒介的通讯社，也是在电报技术发明之后出现和发展起来的。

与电报不同，电影一开始就是作为传播大众文化的媒介登上历史舞台的。电影的发展非常迅速，自1895年巴黎出现第一家电影院以后，在不到20

年的时间里，就由“一个新奇的玩意”进化成了一种主要的大众娱乐方式。据统计，在 1911 年，纽约的电影院已经有 400 家，每周的观众达到 150 万人，其中工人阶层所占的比例为 72%。早期的电影内容良莠不齐。到第二次世界大战结束后，电影很快发展成为包括生产、发行和放映在内的大规模产业，成了艺术、娱乐、大商业和现代技术的融合。

电影虽然创造了新的大众文化，但并没有进入一般人的家庭。人类历史上第一次进入家庭的大众电子媒介是广播。广播是在无线电通信的基础上发展起来的，由于军事通信和电波管理的需要，广播事业一开始就处于各国政府的严格控制之下。1920 年 11 月，美国威斯汀豪斯公司获得了从事标准广播的第一张正式营业执照，开始播放新闻、音乐、讲话，转播体育比赛实况等，这标志着商业广播的开始。

到了 20 世纪 40 年代，美国的家庭收音机的普及率已经超过 80%。“二战”以后，随着半导体技术的发展，收音机越来越趋于小型化、便携化，价格越来越低廉，成为现代人获得信息和娱乐的便利媒介。

3. 电视媒介与大众传播

20世纪最重大的事件之一，是电视媒介的出现和发展。早在60年代中期，德国社会学家W.林格斯就把电视与原子能、宇宙空间技术的发明并称为“人类历史上具有划时代意义的三大事件”，认为电视是“震撼现代社会的三大力量之一”。从电视在现代社会中所发挥的重要作用而言，林格斯的这个评价并不过分。

电视在20世纪20年代进入播放阶段。1928年，美国通用电器公司的WGY台播出了第一部电视剧；1938年，美国已有17座实验台播出电视节目；1941年，NBC、CBS开始播放商业电视。虽然“二战”使电视机和电视设备的生产一度停顿，但战后的大发展使得电视迅速成长为当时最主要的大众传媒。

在电视出现以前，从来没有任何一种媒介拥有像电视一样众多的受众和普遍的影响。电视的吸引力来自它的媒介特性。

●电视集视听觉手段于一体，通过影像、画面、音声、字幕以及特技等传递信息，给受众以强烈的现场感、目击感和冲击力。

●电视不仅是人们获得外界新闻和信息的手段，而且是丰富多彩的文化生活和娱乐的主要提供者。

电视的出现使人们每天与传媒接触的时间由过去的几十分钟一下子提高到了几个小时，看电视成了人们业余生活的主要内容。电视不仅大大改变了人们的生活，而且对现代社会的政治、经济和文化的各个方面都产生了广泛而深刻的影响。

“二战”后到20世纪末，电视的发展经历了由黑白到彩色、由地上传输到卫星传输、由信号模拟到数字化的变革过程，每一次发展都大大加强了电视媒介的影响力。

4. 新媒体与大众传播

“新媒介”永远是一个相对的概念，每一种媒介在诞生和普及的初期都曾对社会产生过广泛的影响。这里所谈论的新媒介主要指伴随卫星通信、数字化、多媒体和计算机网络等技术的发展而出现的新型传播媒介，包括跨国卫星广播电视，多频道有线电视，文字、音像的电子出版物以及互联网络等。

●新媒介的特点与性质

（1）传播过程的双向性的增强。与传统媒体相比，新媒介的传播系统本身具有双向渠道。在这个方面最典型的是互联网络、电子信件、电子论坛等，它们都具有充分的互动功能。

（2）多媒体化和媒介功能的融合。传统媒介的功能大多是单一的，例如，报纸仅供阅读，广播仅供收听，电视虽然可以声画并茂，但人们却不能反馈信息。新媒介则可以利用多媒体技术，将丰富多样的传播功能融合于一个系统之中。

（3）媒介资源的丰富化。这是数字化技术发展的巨大成果。数字化指的是在电子信号的传输方式上，用数字压缩方式来取代传统的信号模拟方式。数字化以后，不仅信息的保真性更强、传输质量更高，而且能够大幅度节约电波频率资源。

（4）信息传播的全球化。传统媒介的传播活动大多囿于特定国家和地区，而电子通信、卫星和互联网络等新媒介技术则为大面积的跨国传播乃至全球传播提供了条件。互联网已经联通了世界上的国家和地区，通过这个网络，用户可以实现全球范围的信息检索和传输。

●防止幼稚的“电子乌托邦”思想

电子媒介的发展为变革人类的传播活动、改造人类社会提供了丰富的技术手段。因此，一种所谓的“电子乌托邦”思想流行起来了。这种观点对媒介技术的发展寄予无条件的乐观主义期待，认为新的传播技术必将把人类带入一个高度自由、民主和平等的理想国。

“电子乌托邦”思想建立在新媒介某些技术特性的基础之上。例如，有的学者认为，电子传播的双向性使每个人既是传播者又是受传者，将改变传统的大众传播受传播者支配的局面，使传播过程变得更加平等，而这种平等也必然带来社会关系的平等。有的学者认为，新媒介技术将保障每个人自主发表言论的权利和机会，并形成“真正的观点的自由市场”。有的学者认为，电子投票系统为全体公民参与公共事务或参加政治选举提供了可能性，必将带来一个普遍民主的社会。这些观点看起来似乎都有一定的道理，新的媒介技术或传播工具的确蕴含着广泛的可能性。但是，单纯的技术上的可能性并不能必然保证理想的社会形态的出现。

其实，媒介技术或工具是中性的，其本身并不必然导致某种“社会善”或“社会恶”。归根到底，媒介工具是人的创造物，重要的是人如何使用它，利用它来传播什么，达到什么样的社会目的。从这个角度而言，传播媒介的社会影响并不仅仅取决于媒介的技术或形式特性，而且取决于掌握和运作它的人和社会组织，取决于它们生产和传播的信息内容。

5. 自媒体与大众传播

自媒体对如今的现代人来说并不是什么新鲜事情，我们每个人几乎每天都会参与并使用自媒体。那么，究竟什么是自媒体呢？如何才能更好地运用自媒体呢？

●什么是自媒体

自媒体（外文名：We Media）又称“公民媒体”或“个人媒体”，是私人化、平民化、普泛化、自主化的传播者以现代化、电子化的手段，向不特定的大多数或者特定的单个人传递规范性及非规范性信息的新媒体的总称。自媒体平台包括博客、微博、微信、百度官方贴吧、论坛等。

美国新闻学会媒体中心于 2003 年 7 月发布了由谢因波曼与克里斯·威理斯二人联合提出的“We Media（自媒体）”研究报告，对“We Media”下了一个十分严谨的定义：“We Media 是普通大众经由数字科技强化，与全球知识体系相连之后，开始理解普通大众如何提供与分享他们自身的事实、新闻的途径。”简言之，即公民用以发布自己亲眼所见、亲耳所闻事件的载体，如博客、微博、微信、论坛等网络社区。

● 自媒体的性质

自媒体有别于由专业媒体机构主导的信息传播，它是普通大众主导的信息传播活动，由传统的“点到面”的传播转化为“点到点”的一种对等的传播概念。同时，它也指为个体提供信息的生产、积累、共享、传播的媒介方式。

在自媒体时代，各种不同的声音来自四面八方，“主流媒体”的声音逐渐变弱，人们不再接受被一个“统一的声音”告知对或错，每一个人都在从独立获得的资讯中，对事物做出判断。

论坛、博客、微博、微信以及新兴的视频网站构成了自媒体现状。随着个人用户对互联网的深度使用，个人门户类网站将成为自媒体的新兴载体。

● 自媒体的力量之源

自媒体之所以爆发出如此大的能量和威慑力，从根本上说取决于其传播主体的多样化、平民化和普泛化。

第一，多样化。自媒体的传播主体来自各行各业，相对于传统媒体从业人员来说，覆盖面更广。

第二，平民化。自媒体的传播主体来自社会底层，自媒体的传播者因此被定义为“草根阶层”。这些业余的新闻爱好者相对于传统媒体的从业人员体现出更强烈的无功利性，他们的参与带有更少的预设立场和偏见，他们对新闻事件的判断往往更客观、公正。

第三，普泛化。自媒体最重要的作用：将话语权授给草根阶层、普通民众；张扬自我，助力个性成长，铸就个体价值，体现了民意。这种普泛化的特点使“自我声音”的表达愈来愈成为一种趋势。

此外，自媒体的内容也很特别，没有既定的核心，想到什么就写什么，只要觉得有价值的东西就可以分享，有时还会分享一些出格的观点。因为不需要考虑太多看官的感受，所以看一些优秀的自媒体文章就像看野史一样独特有趣，这些文章给看官们留下的印象是自媒体的个性。

三、大众传播与舆论——沉默的螺旋

舆论是一种“社会合意”，毋庸置疑，大众传播对舆论的形成具有一定的促进作用。从这个角度对舆论与大众传播的关系进行研究的，是德国女社会学家伊丽莎白·诺尔－诺依曼。她的成果是“沉默的螺旋”理论。

1. 诺依曼的“沉默的螺旋”

诺依曼 1974 年在《传播学刊》上发表了一篇论文，在论文中她第一次提出了“沉默的螺旋”的概念。1980 年，她又以德文出版了《沉默的螺旋：舆论——我们的社会皮肤》一书，对这个理论进行了全面的概括。

诺依曼最早注意到社会生活中的“沉默的螺旋”现象是在 1965 年。这一年联邦德国进行议会选举，一方是社会民主党，另一方是基民盟和基社盟的联合阵线。在整个竞选过程中，双方支持率一直处于不相上下的胶着状态，但在最后投票之际却发生了选民的“雪崩”现象——后者以压倒性优势战胜了前者。诺依曼当时担任阿伦斯巴赫舆论研究所所长，为了找出发生这种现象的原因，她对选举期间追踪调查到的全部数据重新进行了分析。诺依曼发现，尽管双方的支持率一直未变，但对获胜者的“估计”却发生了明显的倾斜，即认为基督教两党阵线将会获胜的人不断增多，到投票前日变成了压倒多数。诺依曼认为，正是这种对“周围意见环境的认知”所带来的压力，导致了许多人最终改变了投票对象。此后，诺依曼又对“意见领袖”和“多数意见”对个人的压力进行多次实证研究，在此基础上提出了她的“沉默的螺旋”假说，如图5-2所示。

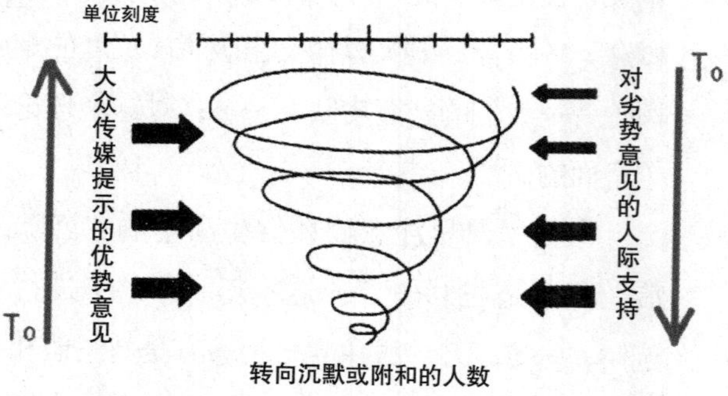

图5-2 沉默的螺旋示意图

2. 构成“沉默的螺旋”的三个命题

“沉默的螺旋”的理论假说由以下三个命题构成。

第一，个人意见的表明是一个社会心理过程。人作为一种社会动物，总是力图从周围环境中寻求支持，避免陷入孤立状态，这是人的“社会天性”。为了防止因孤立而受到社会惩罚，个人在表明自己的观点之际首先要对周围的意见环境进行观察，当发现自己属于“多数”或“优势”意见时，他们便倾向于积极大胆地表明自己的观点；当发觉自己属于“少数”或“劣势”意见时，一般人就会屈从环境压力而转向“沉默”或附和。

第二，意见的表明和“沉默”的扩散是一个螺旋式的社会传播过程。也就是说，一方的“沉默”造成另一方意见的增势，使“优势”意见显得更加强大，这反过来又迫使更多的持不同意见者转向“沉默”。如此循环，便形成了一个“一方越来越大声疾呼，而另一方越来越沉默下去的螺旋式过程”。诺依曼认为，任何“多数意见”、舆论乃至流行或时尚的形成，其背后都存在着“沉默的螺旋”机制，社会生活中的“舆论一边倒”或“关键时刻的雪崩现象”，正是这一机制起作用的结果。正是在这个意义上，她为舆论下了一个双重定义：所谓舆论，即“围绕争论性问题，在没有孤立危险的前提下可以公开表明的意见”。前者指的是围绕时事性问题的舆论，后者则侧重于指围绕社会传统、道德、行为规范的舆论。

第三，大众传播通过营造“意见环境”来影响和制约舆论。根据诺依曼的观点，舆论的形成不是社会公众的“理性讨论”的结果，而是“意见环境”的压力促成的，是强制人们对“优势意见”采取趋同行动这一非合理过程的产物。在这里“意见环境”是一个核心概念。那么，意见环境又是如何形成的呢？诺依曼认为，在现代社会，人们判断周围意见分布状况（意见环境）的主要信息源有两个：社会群体和大众传播。在超出人们直接感知范围的问题上，大众传播的影响尤其强大。

这样，诺依曼通过“沉默的螺旋”理论，重新提示了一种“强有力”的大众传播观。这个假说包括了以下几个要点：

（1）舆论的形成是大众传播、人际传播和人们对“意见环境”的认知心理三者相互作用的结果；

（2）经大众传媒强调的意见由于具有公开性和传播的广泛性，容易被当作“多数”或“优势”意见；

（3）这种环境认知所带来的压力或安全感，会引起人际接触中的“劣势意见的沉默”和“优势意见的大声疾呼”的螺旋式扩展过程，并导致社会生活中占有压倒性优势的“多数意见”的诞生。

3.“沉默的螺旋”理论的特点

“沉默的螺旋”是一种考察大众传播与社会舆论的关系的理论，这个理论在两个方面有着自己的特点：一是它的舆论观，二是它的效果观。舆论通常称为“公众意见”或“公共意见”。这是一个极为复杂的概念，在不同的学科有不同的理解。

第一种是政治哲学的观点，即把舆论看作是“公意”，是“共同体”的最高意志，是民主政治的基础。这种观点以卢梭为代表。

第二种是社会学的“有机体”概念，即认为舆论不是个人意见的简单集合，而是社会互动的有机整体。库利的关于舆论“不是100个人分别制造的100只船，而是100个人合作制造的1只大船”的观点是代表。

第三种是行为科学的观点，它或多或少地把舆论看作是个人意见的简单相加，其中的多数意见便被看作是“舆论”。这种观点较多地体现在现代舆论调查或“民意测验”之中。

第四种是社会心理学的观点，这种观点把舆论看作是社会控制的机制，认为舆论未必是事实上的“多数”意见，但至少是表面上的或人们感觉中的“多数”或“优势”意见。它通过人们的从众心理来制约个人的行为，因而起着社会控制作用。

诺依曼的“沉默的螺旋”理论，正是持后一种观点。在“沉默的螺旋”理论中，舆论与其说是“公共意见”或“公众意见”，倒不如说是“公开的意见”。换句话说，诺依曼认为，只有那些“被认为是多数人共有的、能够在公开场合公开表明”的意见才能成为舆论。一种意见一旦具备了这种性质就会产生一种强制力——公开与之唱反调就会陷于孤立状态，就有遭受社会制裁的危险。为了免于这种制裁，人们只有在公开的言行中避免与其发生冲突。由此不难看出，“沉默的螺旋”理论强调的是舆论的社会控制功能。

另一方面，从传播效果研究的角度而言，“沉默的螺旋”理论强调大众传播具有强大的社会效果和影响。这里所反映的“强大影响”已经不止于认知阶段，而是包括了“认知—判断意见—行动”的全过程。“沉默的螺旋”假说的一个重要观点：传播媒介提示的“意见环境”未必是社会上意见分布状况的如实反映，而一般社会成员对这种分布又处于“多元无知”状态。在这种情况下，传媒提示和强调的即便是少数人的意见也会被人们当作“多数意见”来认知，其结果也会引起“沉默的螺旋”过程的始动，在传媒影响所及的范围内引起人们判断和行动上的连锁反应。换句话说，这个假说认为，传播媒介具有“创造社会现实”的巨大力量。

四、大众传播的潜移默化——培养理论

李普曼（1889~1974，美国新闻评论家和作家，传播学史上有重要影响的学者之一，在宣传分析和舆论研究方面享有很高的声誉）认为，在大众传播高度发达的现代社会，人们的行为与三种意义的“现实”发生着密切的联系：一是实际存在的“客观现实”；二是传播媒介有选择地提示的“象征性现实”（即拟态环境）；三是人们在自己头脑

中描绘的“关于外部世界的图像”，即“主观现实”。“主观环境”亦即人们的现实观，是人们的现实行为的依据。此外，人们对客观现实的认识在很大程度上需要经过“象征性现实”这个中介。对此进行实证考察的是美国学者 G. 格伯纳，他进行了“培养”理论的研究。

1. 培养理论的起源及背景

“培养”理论又称为“培养分析”“教化分析”“涵化分析”。这种研究起源于 20 世纪 60 年代后期，当时，美国社会的暴力和犯罪问题十分严重，美国政府专门成立了“暴力起因与防范委员会”，让其研究解决这些问题。格伯纳主持的“培养分析”就是在该委员会的支持和赞助下开始的。

“培养分析”最初的着眼点有两个：一是分析电视画面上的凶杀和暴力内容与社会犯罪之间的关系，二是考察这些内容对人们认识社会现实的影响。从第一个方面来说，格伯纳等人发现，电视暴力内容对青少年犯罪具有“诱发效果”，此外，在整体上没有发现两者之间的必然联系。然而在第二个方面，他们的研究却得出了一个重要结论：电视节目中充斥的暴力内容增大了人们对现实社会环境危险程度（遭遇犯罪和暴力侵害的概率）的判断，而且，电视媒介接触量越大的人，这种社会不安全感越强。

这个结论是对现实中的暴力犯罪状况、电视节目中的暴力内容以及人们对自身所处的社会环境的危险程度的主观判断进行比较研究的结果。例如，按照当时美国现实暴力犯罪的发生率和件数来计算，一个美国人在1周内遭遇或卷入暴力事件的概率在1%以下。格伯纳对三大电视网在1967年至1978年间的黄金时间播出的1548部电视剧作了内容分析，发现其中包含暴力内容的电视剧高达80%，每部电视剧中出现的暴力场面平均为5.2次，与暴力场面有关的人物占出场人物的64%。这个数字说明，就暴力犯罪而言，电视剧所传达的“象征性现实”与客观的社会现实之间差距很大。

1976年，格伯纳等人就电视的接触量与人们对环境危险程度的判断之间的相关性进行了调查。这项调查结果说明，尽管在现实生活中人们遭遇或卷入暴力事件的概率在1%以下，但许多人却认为这种可能性在10%以上，这一估计大大超过了客观现实的可能性而更接近于电视画面中的“社会景象”。而且，无论人们的性别、职业和年龄，电视接触量越大，这种倾向也就越明显。

根据一系列实证调查和分析，格伯纳等认为，在现代社会，大众传媒提示的“象征性现实”对人们认识和理解现实世界发挥着巨大影响，由于大众传媒的某些倾向性，人们在心目中描绘的“主观现实”与实际存在的客观现实之间出现了很大的偏离；同时，这种影响不是短期的，而是一个长期的、潜移默化的、“培养”的过程，在不知不觉当中制约着人们的现实观。因此，格伯纳等人将这一研究称为“培养分析”。

2. 培养理论中关于传播的观点

“培养分析”是以一定的社会观和传播观为出发点的。它的基本观点是，社会要作为一个统一的整体存在和发展，需要社会成员对该社会有一种“共识”，也就是对客观存在的事物及其相互关系要有大体一致的认识。只有在这个基础上，人们的认识、判断和行为才会有共通的基准，社会生活才能实现协调。

提供这种“共识”是社会传播的一项重要任务。在传统社会，这一功能是由教育和宗教承担。在现代，这成了大众传播的一项主要任务。大众传播通过象征性事物的选择、加工、记录和传达，向人们提供关于外部世界及其变化的信息，作为社会成员认识、判断和行动的基础。教育和宗教的传播是在有限的规模和范围内进行的，而大众传播则把同一内容的信息传达到社会各个阶层和角落。格伯纳认为，大众传播不仅是现代社会的“故事讲解员”，而且是缓和社会各异质部分的矛盾与冲突的“熔炉”，在这个意义上，它还是维护现存制度的文化武器。因此，大众传播在形成现代社会的“共识”方面，作用远远超越了传统社会中的教育和宗教。

这样，“培养分析”一方面肯定“共识”是社会作为一个统一整体存在的前提，强调大众传播在形成“共识”过程中的作用；另一方面又指出大众传媒所提供的“象征性现实”与客观现实之间的距离。“培养分析”的重要目的是揭示大众传播为占统治地位的阶层和意识形态服务的本质，其观点包含着对资本主义大众传播现状的鲜明的批判态度和改革志向。因此，一些学者把它称为“美国土生土长的批判学派”。

“培养分析”尤其强调电视媒介在形成“共识”中的作用，认为电视与其他媒介相比，有自己独特的优势：一、电视拥有最多的受众，每天的接触时间最长；二、不需要识字能力；三、电视把视听觉手段结合在一起，拥有强烈的目击感、现场感和冲击力；四、现代人从幼年时代就和电视生活在一起，很难将电视中的世界和现实中的世界加以区分；五、电视广泛渗透到社会的各个部分。这一时期，电视发挥了比之前的媒介都要强大的作用，无论多么重大的事情或问题，不经电视报道就很难被人们当成现实认识；同样地，无论多么微小的事情，一旦经过电视的报道，就会成为万人瞩目的重大事件。

3. 培养理论的外围

“培养理论”并不是一项孤立的研究，相反，它是一项综合性的研究。这项研究被称为“文化指标研究”，包括三个方面：“制度分析”“讯息系统分析”和“培养分析”。这三者之间有着密切的联系。

● “制度分析”

其主要目的是分析大众传播的信息生产、传达和消费过程中的各种制度性压力和制约因素，揭示大众传播内容的特定倾向性形成的原因。这些因素包括：一、国家的立法、司法和行政对传播制度和传媒活动的法律、政策的规定；二、媒介企业内的经营部门和银行资本、广告主等对信息生产和传播过程的干预和影响；三、同业竞争和来自各种利益团体的压力；四、一般受众对信息传播过程的影响。格伯纳等人认为，在这里，前三种制度性压力是形成传媒内容倾向的主要因素；一般受众对个别媒介的活动可以发挥一定影响，但对总体的媒介活动来说，这种影响是微不足道的。

●“讯息系统分析”

大众传播的讯息是通过语言、文字、画面、影像等象征符号来传达的，这些讯息并不是符号的随意组合，而是根据一定的观点和意识形态进行加工整理后的具有完整的意义结构的系统。讯息系统分析的目的是揭示媒介讯息系统的整体倾向性。

格伯纳在讯息系统分析中发现，美国的传播媒介在总体上反映了占统治地位的利益、观念和价值。他们对821部电视剧和节目中的11754个出场人物进行了统计，发现其中25岁至45岁的人超过半数，而在实际人口中他们分别占30%和11%，18岁以下青少年和65岁以上的老人仅占8%和2%。格伯纳认为，这种状况反映了传媒把25岁至

45 岁的年龄层视为主要消费者。不仅如此，分析的结果还表明，电视剧主人公大半是 35 岁至 45 岁的白人男性，尽管这个阶层在美国总人口中所占比例很小，却代表了美国占统治地位的核心价值（包括社会地位、权力、金钱、职业、性等各个方面）。另一方面，电视剧对老人形象的描述却表现出另一种倾向：他们不但存在感弱，而且反面人物多，被“丑化”描写的老人在男性中占 70%，在女性中则达 80%。这些倾向说明，传播媒介提示的“象征性现实”是按照一定的价值体系结构来安排的，讯息系统分析的出发点就在于揭示它的这一本质。

●“培养分析”是讯息系统分析的延伸，换句话说，它的目的是考察大众传播的特定倾向所造成的社会结果

例如，在对电视剧的内容分析中，格伯纳等人发现，老人不仅出场率低，而且被做了大量“非善意的”描述，如心胸狭窄、缺乏适应力、顽固、保守、迟钝、消极等。他们将电视剧中的这些倾向与社会上人们所持的老人观进行了比较，结果发现两者之间密切地相关，而且越是电视接触量大的人，也就越倾向于对老人做出“非善意的”、否定性的评价。

传播内容具有特定的价值和意识形态倾向，这些倾向通常不是以说教而是以“报道事实”“提供娱乐”的形式传达给受众的。它们于潜移默化之中影响人们的现实观、社会观。这就是“培养分析”的核心观点。格伯纳等人认为，传播媒介的这种“培养效果”主要表现在形成当代社会观和现实观的“主流”。电视媒介在“主流形成”过程中发挥着强大的作用，它可以超越不同的社会属性，在全社会范围内广泛“培养”人们对社会的共同印象。

五、大众传媒与信息社会的阶层分化——知沟理论

在现代社会，报刊、广播、电视等大众传播媒介普及到社会的每一个角落。按照人们的一般观念，传播媒介的普及可以改善知识传播和教育的条件，其结果是整个社会文化水平的提高，社会各阶层和群体之间差距缩小，社会更加平等。对这种一般观念提出疑问的，是美国学者 P.J. 蒂奇诺等人。他们提出了“知沟”理论。

1. 知沟理论产生的背景

在20世纪60年代的美国，要求实现教育机会平等的社会呼声不断高涨，其背景是学校中贫富儿童在学习能力和学习成绩上的差距引起了社会的广泛注目。有关研究表明，这种差距随年级的上升不断扩大，并导致升学率、学历甚至将来的职业和社会地位的两极分化。

在当时强大的社会压力下，美国政府推出了一个补充教育的计划，试图通过大众传播和其他手段改善贫困儿童的受教育条件，其中一个重要项目是制作了一部题为《塞萨米大街》又名《芝麻街》的儿童启蒙教育的电视系列片。然而，后来对实际播放结果的研究发现，在贯彻这个意图方面它是失败的，也就是说，尽管《塞萨米大街》播出后对贫富儿童都产生了良好的教育效果，但对节目接触和利用最多的还是那些富裕儿童。以缓解教育条件不平等为目的的这部系列片，实际结果却是扩大了两者之间的差距。这种情况说明，在现代社会，尽管大众传播将同样的知识或信息传送到每一个家庭和社会角落，人们在接触和利用的机会上并不存在平等与否的问题，然而它所带来的社会结果却并非如此简单。

1970年，美国传播学家蒂奇诺等人在一系列实证研究的基础上，提出了这样一种理论假说："由于社会经济地位高者通常能比社会经济地位低者更快地获得信息，因此，大众媒介传送的信息越多，这两者之间的知识鸿沟也就越大"。这就是"知沟"理论的诞生。

2. 知沟理论及其反命题

● "知沟"假说

A.M. 松伯格给蒂奇诺等人提出的"知沟"理论假说绘制了一个模式图，如下图5-3所示。

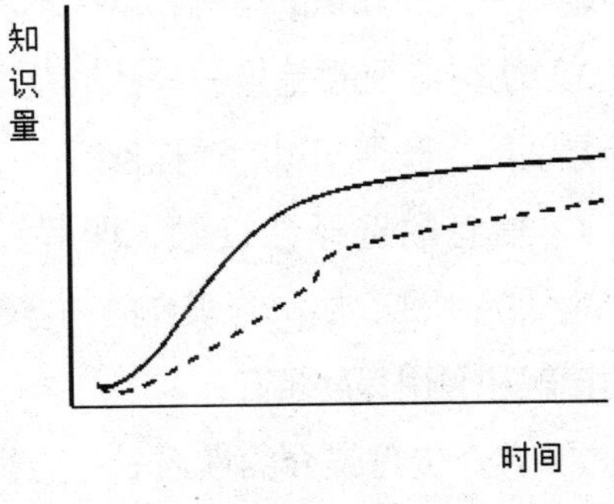

图5-3　"知沟"假说示意图

图中横轴表示时间推移，纵轴表示获得的信息和知识量的变化。该图的中心内容是：大众传播的信息传达活动无论对社会经济地位高者还是低者都会带来知识量的增加，但是，由于社会经济地位高的人获得信息和知识的速度大大快于后者，随着时间的推移，最终结果是两者之间的“知沟”不断变宽，差距不断扩大。

蒂奇诺认为，除了媒介和经济条件的因素以外，造成“知沟”扩大的原因还有以下几个方面：

（1）传播技能上的差异——获得关于公共事物和科学的知识，需要一定程度的阅读和理解能力；

（2）已有知识储存量的差异——知识储存越多，对新事物、新知识的理解和掌握越快；

（3）社交范围的差异——社交范围越广，人际交流越活跃，获得知识的过程越快；

（4）信息的选择性接触、理解和记忆的因素——生活的水准、层次与媒介的内容越接近，对媒介的接触和利用程度越高；

（5）大众传播媒介的性质——传播有一定深度的关于公共事务和科学知识的媒介主要是印刷媒体，受众集中在高学历阶层。

无论上述哪一条，社会经济地位高的阶层都处于有利的状况，这是造成社会“知沟”不断扩大的根本原因。

● “上限效果”假说

与“知沟”假说相反，J.S. 艾蒂玛和 F.G. 克莱因于 1977 年提出“上限效果”假说。

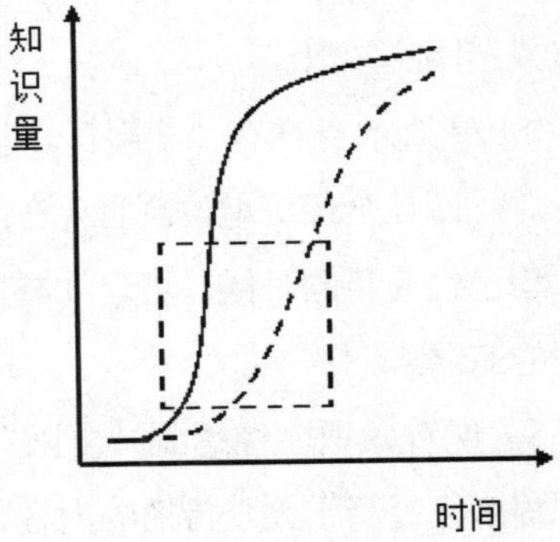

图 5-4　“上限效果”假说示意图

这个假说的观点是：个人对特定知识的追求并不是无止境的，达到某一“上限”（饱和点）后，知识量的增加就会减速乃至停止下来。社会经济地位高者获得知识的速度快，其“上限”到来得也早；那些经济地位低者虽然知识增加的速度慢，但随着时间的推移，最终能够在“上限”上赶上前者(图 5-4)。这个假说意味着，大众传播的结果不是带来社会“知沟”的扩大，而是缩小。艾蒂玛等人为“上限效果”假说提出了三条论据：

（1）信息源的性质决定“上限”。换句话说，大众传播传达的不是“高、精、尖”的知识，而是某一范围的“一般”知识。无论社会经济地位高者还是低者，都不可能从大众传播中得到超出这个程度或范围的知识。

（2）受众本身具有“上限”。受众中的“先驱部分”（即社会经济地位高者）在感觉到自己的某种知识已经充足的时候，会自动减慢或停止对这种知识的追求。

（3）现有知识已经达到“上限”。如果受众的知识程度已经高于大众传播的内容，他们便不会再通过大众传播去寻求知识。

应该承认，艾蒂玛等人所指出的“上限”在个人对特定知识的追求过程中是存在的，但是，在人一生追求知识的总过程中，这个“上限”是否存在则是个疑问。因为，尽管个人对特定知识追求在一定阶段上会出现“饱和”或知识量增加的停顿，但与此同时，他们也会开始对新知识的追求过程，这一过程的结果必然带来知识总量的增加。

此外，考虑到知识的老化和更新的因素，社会经济地位低的人即使后来在某个“上限”赶上了社会经济地位高者，这种知识的实际价值也早已大大打了折扣。因此，认为通过大众传播的“知识平均化”效果可以消除社会“知沟”，实现普遍社会平等的观点是很幼稚的。

3. 知沟理论的研究及其意义

“知沟”理论以及它的反命题“上限效果”假说的提出，反映了人们对信息社会中的阶层分化问题的重视。在信息社会里，信息就是财富，知识就是力量。因此，信息社会面临的一个现实问题就是如何防止和解决信息富有者和信息贫困者的两极分化以及由此带来的新的社会矛盾。

●“信息沟”的主要观点

“知沟”从更广泛的意义上来说也是“信息沟”。在1974年，N. 卡茨曼就着眼于新传播技术的发展，提出了他的“信息沟”理论，其主要观点包括四点。

第一，新传播技术的采用将带来整个社会的信息流通量和信息接触量的增大，这对每一个社会成员来说都是如此。

第二，新技术的采用所带来的利益并非对所有社会成员都是均等的。换句话说，现有信息水准较高或信息能力较强的人，能够比较弱的人获得更多的信息，其理由是：

（1）新技术的早期效果会带给那些传播活跃、既有信息量大的社会群体；

（2）对新媒介技术及其传播内容的接触和使用需要相关知识，这对现有信息能力较弱的人是不利的；

（3）采用新技术需要经济条件或其他资源，而这些资源在现实社会中分配并不均等；

（4）现有信息水准的程度与采用新媒介技术的积极性成正比，主观因素也决定了前者处于有利地位。

第三，与人的能力相比，电脑等机器的信息处理和积蓄能力要强大得多。既有信息富裕的阶层通过较早使用先进机器，能够比其他人拥有信息优势。

第四，新媒介技术层出不穷，更新换代周期越来越短，其趋势更可能是“老沟”未能填平，“新沟”已经出现。这种状况，在新媒介的采用过程中尤其明显。

日本学者儿岛和人认为，在社会信息化过程中，“信息沟—知沟”的存在是一个事实，它不仅表现在贫困和富裕阶层之间，而且会广泛地表现在性别、年龄、职业、行业、群体、地区、民族、国家以及文化之间。

目前“信息沟”和“知沟”理论的应用研究领域有两个：一是新媒介的普及过程研究，二是地区开发和社会发展研究。

传播学十二讲

Communication Science

第六讲

人的延伸，通过什么传播
——理解媒介

一、媒介及媒介比较研究

我们平时所说的电视、广播、杂志、报纸、互联网等，在传播学中有一个共同的称呼——媒介。简单地说，媒介就是传递大规模信息的载体，是通讯社、报纸、杂志、书籍、广播、电视、电影等的总称，一般又称大众媒介。新闻媒介主要是指报纸、新闻性杂志、广播与电视。媒介组织则是经营媒介的机构，如报社、电台、电视台、出版社、杂志社、电影制片厂等。在一般意义上，媒介同传播媒介、大众传播媒介也可互相通用。

传播学中还有一个同媒介相类似的概念，叫渠道。所谓渠道，是指信息流通与扩散的渠道。它比媒介的意义更宽泛一些。媒介一般只用在大众传播中，渠道则既可用于大众传播中，又可用到人际传播上。

凡与媒介相关的研究都可统称为媒介分析。媒介分析也有微观与宏观之别。微观的研究者了解各种媒介的传播特性，通过比较发现它们各自的优势所在，从而为更有效的传播提供理论依据。媒介的宏观研究是从广阔的历史文化背景上考察媒介的社会作用，揭示媒介给人类的生活、发展以及生存环境带来的显著或微妙的影响。

媒介的微观研究在媒介分析领域占一多半，绝大多数有关媒介问题的探讨事实上都集中在微观方面。这类研究无论是指导思想还是研究方法、研究过程都很不一致，所得出的结论更是千差万别，甚至经常彼此矛盾。

在一般人的印象里，电视毫无疑问地要比报刊和广播的传播威力大得多，因为，报刊只诉诸人的视觉，而且其中的信息主要都是逻辑化、抽象化的；广播只诉诸人的听觉，而在感受信息时听觉又不如视觉敏锐。电视不仅同时调动人的听觉与视觉，而且还刺激人的全部感应系统，提供的都是具体的、生动的画面与场景，使人有身临其境之感，具有很强的吸引力。这个常识被施拉姆概括为："视听媒介在传播一定数量的某种信息上，要比单纯的听觉或视觉媒介更为优越一些。"然而，这个看来由常识而成为公理的观点，果真不证自明吗？

●戴维·塞纳和威廉·麦克尤恩的研究

他们先挑选一批大学生作为实验对象，然后把学生分成三组。实验开始时，他们让第一组看录像

（这相当于看电视），让第二组听声音（这相当于听广播），让第三组读材料（这相当于读报纸）。这里，实验对象看到的、听到的和读到的东西都是一样的，也就是说三组学生感受信息的方式虽然不同，但所感受到的内容却完全相同。最后，研究者请三组实验对象分别就他们看到、听到和读到的东西进行回忆，通过比较就可以看出哪种感受方式最敏锐、最有效。结果显示，三组学生回忆出的信息大同小异，并无十分明显的差别。换言之，视听媒介在传播信息方面，并不比单纯的视觉媒介如报纸和听觉媒介如广播更有效力。德弗勒概括这项研究为“对认为电视必然比其他媒介更有威力的论断提出了挑战”。

●卡伦·布朗主持的研究

这项研究是由卡伦·布朗主持的。布朗把实验对象分为两组，让一组观看一部有关法庭诉讼的纪录片，让另一组阅读同一内容的文字材料。事前，他已使两组实验对象的文化程度保持在相等水平，并尽量减少阅读材料的难度。当这两组实验对象分别通过视听媒介和视觉媒介感受到相同的信息之后，布朗也请他们各自回忆自己所接收到的信息。

令人吃惊的是，阅读材料的人比观看影片的人记住的信息更多、更牢。这表明，报纸要比电视的传播效力大。二者相比，报纸传播的信息能留下更深的印象，也会对受众产生更持久、更深刻的影响。很显然，这一结论同人们深信不疑的常识——报纸远不如电视的感染力强背道而驰。可惜，常识是一回事，实验结果是另一回事。

●零点方案

第三项研究被称作“零点方案”。在这项研究中，研究人员事先准备了一盘录像带和一套小人书。小人书里讲的是三名歹徒结识一位漂亮的孤女之后，幡然悔悟、改邪归正的童话故事。录像带是根据这个故事拍摄的影片。然后，他们把一群儿童分成两组：一组一边听大人念故事，一边看小人书；另一组则观看同一内容的录像。

结果显示，两组儿童表现出很多有趣的差别。看书的儿童不仅能回忆出较多的故事内容，而且还能准确地引用故事中的不少原话，尤其值得注意的是，他们大都能结合自身的经验来复述故事的详细内容。与此相反，看录像的儿童顶多只能记住故事的大意，复述时既不能引用原话，又不能表现出富于创造性的联想，而只是紧扣原作，不敢越雷池一步。

研究人员分析后认为，电视虽能提供生动有趣、引人入胜的真实画面与活动场景，但同阅读相比，看电视只是被动的体验，人的视觉、听觉以及思维活动需要亦步亦趋地紧跟着不断变换的镜头，不能有丝毫的懈怠，就好像被押解着赶赴目的地一样。既然视听媒介始终使人的精神处于紧张而消极的状态中，他的注意力总是被原作的内容所吸引，那么他也就不可能发挥更多的主动性、积极性与创造性。相反，视觉媒介则能为感受信息提供更多的机会、更自由的联想空间。

“零点研究”有益于深化人们对媒介及其特性的认识，也有助于揭示媒介在塑造人们的思维方式上的作用。

总之，研究各种媒介在具体传播活动中的不同效力是当今媒介分析的一大趋势。

二、麦克卢汉的“奇谈怪论”

在传播学的众多理论学说中，马歇尔·麦克卢汉的媒介观无疑是最奇特、最深刻难解的。自传播学兴起以来，还从未有哪一位传播学家像他那样引人注目，也从未有哪一套传播理论像他的媒介观那样轰动。

1. 媒介即讯息

20 世纪 60 年代，正当大众传播事业开始走向全面繁荣之际，特别是新的视听媒介迅猛发展之际，在北美大陆爆出一部谈论媒介的奇书——麦克卢汉的名作《媒介通论：人体的延伸》。它使麦克卢汉声名鹊起，在北美及欧洲风靡一时，不仅学术界、思想界为之震撼，就连民间也刮起一阵麦克卢汉旋风。

美国《新闻周刊》1967 年 3 月的一篇文章盛赞麦克卢汉“思路开阔”，认为“他的传播理论为过去、现在和将来的一切人类文化提出了一种解释”。《纽约先驱论坛报》甚至言过其实地把他列为牛顿、达尔文、弗洛伊德和爱因斯坦之后“最重要的思想家”。正是由于麦克卢汉其人其说的广泛影响，媒介这个曾经多被专家学者使用的专业术语一举而为天下知。

“媒介即讯息”是麦克卢汉媒介观的核心所在，是麦克卢汉对传播媒介在人类社会发展中的地位和作用的一种高度概括，其含义是：媒介本身才是真正有意义的讯息，即人类有了某种媒介才有可能从事与之相适应的传播和其他社会活动，而从漫长的人类社会发展过程来看，真正有意义、有价值的“讯息”不是各个时代的传播内容，而是这个时代所使用的传播工具的性质、它所开创的可能性以及带来的社会变革。麦克卢汉说：“正是传播媒介在形式上的特性——它在多种多样的物质条件下一再重现——而不是特定的讯息内容，构成了传播媒介的历史行为功效。”

麦克卢汉的媒介概念是广义的，不仅指语言、文字、印刷物、电信和广播电视，而且包括各种交通运输工具在内。他认为，媒介是社会发展的基本动力，每一种新媒介的产生，都开创了人类感知和认识世界的方式，传播中的变革改变了人类的感觉，也改变了人与人之间的关系，并创造出新的社会行为类型。因此，媒介又是区分不同社会形态的标志。例如，在原始社会，口语是主要的传播媒介，由于听力的物理限制，人们必须生活在小空间的部落群体之中，相互保持着近距离的密切联系。文字和印刷媒介产生之后，人类由“耳朵的社会”转向了“眼睛的社会”，由于交往和传播不再以物理空间的接近性为前提，人类可以分散到广阔的地域，人与人的关系变得疏远，部落社会便发生了解体。电子媒介尤其是电视的普及再次改变了这种状况，它们以接近于实时的传播速度和强烈的现场感把遥远的世界拉得很近，人与人之间的感觉距离大大缩小，于是人类在更大的范围内重新部落化，整个世界变成了一个新的“地球村”。

有的学者认为，麦克卢汉的媒介即讯息其实不过是凸现媒介这一巨大而潜在的作用，是麦克卢汉这种“技术决定论者”的一种巧妙而偏激的理论而已。

至于对麦克卢汉其人其说嗤之以鼻者，则干脆直截了当地把媒介即讯息这一命题的意义一笔勾销，不屑一顾地斥之为文字游戏。他们认为，媒介即讯息根本不是科学的立论，而不过是玩弄押头韵的修辞手法。事实上，麦克卢汉的确爱玩弄一些文字游戏。媒介即讯息本来已经被纷纷议论了，而他似乎还嫌它不够惊世骇俗，居然又仿照同一句式略作改动，提出颇有黑色幽默之味的“媒介即按摩”，从而为持押头韵看法的批评者提供了绝好的证据。如果说媒介即讯息不失为富有启示性的“神谕”，那么媒介即按摩则纯属刘勰所斥的“不原大理，唯字是求”。

2. 媒体：人的延伸

与“媒介即讯息”的观点相联系，麦克卢汉还提出了“媒介即人的延伸”的论断。在麦克卢汉的媒介观里，媒介的作用与传播信息无关，而只与延伸人体及其功能相连。换言之，媒介不是传播信息的渠道，而是延伸人体的器官。这也正是他那部奇书取名为《媒介通论：人体的延伸》的缘故。在他眼里，凡具有延伸人体之功用的东西都属于媒介。所以，印刷文字成为眼睛的延伸，广播成为耳朵的延伸，衣服成为皮肤的延伸，车轮成为腿脚的延伸，电力技术成为中枢神经系统的延伸等。

麦克卢汉认为，每一种媒介即每一种人体的延伸都将改变人们感知世界的方式，从而也就改变人们的生存方式。他说：“任何一种感觉的延伸都改变着我们的思想和行为方式——我们感知世界的方式。”以 15 世纪古滕贝格发明的印刷媒介为例，它迫使人们用一种独特的模式即所谓“划一性”“持续性”和“直线性”来分析、理解和把握世界，由此而导致统一的民族国家的诞生、近代工业生产流水线的形成以及千篇一律的生活时尚的风行等。麦克卢汉在《媒介通论：人体的延伸》一书中还写道：“我们今天认为理所当然的商品一致性与固定的价格系统，若没有印刷术为其奠下基础，是不可能出现的。”

麦克卢汉的这个观点是为了说明传播媒介对人类感觉中枢的影响。因此，在他的眼里，媒介和社会的发展史也是人的感官能力从“统合”到“分化”到“再统合”的历史。换言之，麦克卢汉认为，原始人的听觉是具有统合性的，在这个时代，虽然感觉主要由耳朵来把握，但同时却牵动着全部感觉的相互作用和相互影响。因此，部落人的感觉能力大体上是平衡的，他们的行为与他们所处的环境是浑然一体的。而文明人以文字和印刷媒介为主的视觉文化则不同，视觉文化的特点是集中于细节，并把细节从整体中分化抽象出来。眼睛孤立地起作用，观察的是一个单一的连续的世界，而每次只能偏重于一个局部。因此，从口语转向文字和印刷，实际上扩张的只是从人类感觉的集束中分离出的一种感觉。麦克卢汉认为，这种由感觉领域的分割造成的感觉分离，使人类对环境具有巨大的能动作用，因为它可以推动人们对事物的抽象的、深层的认识。与此同时，疏远其他感觉只重视视觉也会产生情感的分离，使人的总体感觉能力下降。不过，现代电子媒介尤其是电视正在改变文明人受视觉支配的状况，不仅扩张了人类的视觉和听觉，而且由于强烈的现场感和接触感而扩展了人类的触觉。因此，现代人正在找回长期失落的“感觉总体”，重新回到一种感觉平衡状态。

麦克卢汉的媒介延伸论同其媒介观的基本思路是一致的，即强调和突出媒介本身对人类社会和历史发展所起的巨大作用，而这种作用同媒介所传播的具体信息无关，或关系甚微。

3. 热冷媒介

麦克卢汉除了对媒介功能的理解与众不同之外，在媒介的分类上也别出心裁。依照他的看法，所有的媒介都分属两类：一类为热媒介，另一类为冷媒介。所谓热媒介，是指传播的信息明确清楚，清晰度高，因而接受者的参与度相对降低的媒介。相反，冷媒介是指传播的信息模糊含混，清晰度低，因而接受者的参与程度随之提高的媒介。以照片与漫画为例：照片的清晰度高，画面信息一目了然，人们无须“补充”，意思已很明确，也就是说参与度降低，所以照片是热媒介；而漫画的清晰度很低，提供的信息不很清楚，人们必须调动想象力予以“补充”才能完整理解其中的含义，也就是说参与度提高，所以漫画是冷媒介。属于热媒介（麦克卢汉所说的媒介既指传播工具，又指传播方式如演讲、讨论会、座谈等）的还有广播、电影、书籍、演讲、报纸等。它们都是信息的清晰度高而受众的参与度低的媒介。属于冷媒介的还有电视、电话、交谈、讨论会等，它们都是信息的清晰度低而受众的参与度高的媒介。

如果说麦克卢汉的媒介延伸论饶有新意、发人深思，不失为新奇而科学的立论，那么，他的媒介冷热论则显得信口开河，只要稍加追问便会漏洞百出。麦克卢汉的这种分类并没有一贯的标准，而且存在着逻辑上的矛盾。例如，就信息的清晰度和所需的想象力而言，无声电影显然比有声电影或电视更为模糊和需要联想；从信息含量而言，作用于多种感官的媒介传递的信息内容显然比作用于单一感官的媒介更为丰富。对此麦克卢汉曾解释道：在电视屏幕上一秒钟闪现数百万个光点，而人眼只能感应其中的60至80个光点，并且观众还得将它们在大脑中依次组合成原先的图像，这样电视便成为低清晰度、高参与度的冷媒介。这种解释奇则奇矣，但却荒诞不经，令人难以信服。难怪乔治·H. 道格拉斯撰文质疑：媒介冷热论究竟是“理论学说”还是言不及义的“诡辩”？

热媒介和冷媒介的分类并没有多少科学和实用价值，重要的是它给我们的启示：不同媒介作用于人的方式不同，引起的心理和行为反应也各具特点，研究媒介应该把这些因素考虑在内。

三、斯蒂芬森的媒介游戏论

对于媒介及其功能，心理学家威廉·斯蒂芬森突发奇想地提出了一套新异的媒介观。在他看来，与其把媒介当成工具，不如把它视为玩具。人们摆弄媒介与其说是出于功利的考虑，不如说是出于游戏的目的。这个媒介观不仅新奇而且有趣，这就是所谓的游戏论。

在《传播的游戏论》一书里，斯蒂芬森集中探讨了传播的游戏性质。他先将人类的所有行为分成工作与游戏两种。他说：“工作是对付现实，是谋生，是有产品的。相反，游戏基本上是没有产品的，除非是提供自我满足。”与此相应，他又分出两种传播：一种是工作性传播，比如下达命令；另一种是游戏性传播，比如相聚闲聊。工作性传播由于带有任务的成分在内，对参与传播者的身心来讲都是不愉快的，所以斯蒂芬森称工作性传播为“传播不快”。比如，老师要求学生就某个问题写篇作文，第二天交卷，这对学生自然是一种压力和负担，会使学生心理上感到紧张、不舒服，而老师由于同这一工作行为相联系也不会轻松，于是，这种传播无论对学生还是对老师都造成不愉快。相反，游戏性传播并没有什么具体的目的，仅仅是寻开心，对参与者来说总是轻松愉快的，所以，斯蒂芬森称游戏性传播为“传播愉快”。比如，大家一起聊天，彼此都感到轻松愉快，就好像玩一场有趣的游戏。

斯蒂芬森把大众传播视为游戏性的传播，他说：“阅读新闻是一种没有报偿的传播——愉快。”不应把大众媒介看成工具，而应把它当作玩具。也就是说，人们读报纸、听广播、看电视就像儿童玩娃娃一样，主要为了消遣娱乐，以便把自身从成人化的工作环境中解放出来。斯蒂芬森的这一新奇理论，揭示了媒介另外一种重要而一直被忽略的性质，如施拉姆所言：“人们一旦接触了这种构想高超的理论之后，就再也不可能忽视传播对玩耍和愉快的重要意义。”

一旦明白媒介的游戏性之后，就不必总以“经国之大业”的工作性标准看待媒介，媒介其实不过是一种小小的玩具而已。斯蒂芬森曾不无调侃地说，研究大众传播的理论家都背着一副沉重的精神十字架，双眉紧锁，忧心忡忡，“希望（大众媒介）按照他们自己的价值观念做得好一些”。由于忽视媒介的游戏性，他们免不了对媒介中的凶杀、暴力、庸俗、浅薄的货色满怀忧虑，大加抨击和指责。斯蒂芬森对此不以为然，他认为人们沉溺于这些内容之中就如同在棋盘上拼拼杀杀、在拳击场上大打出手一样，无非也是玩耍和游戏，不必为此大惊小怪，所以，他觉得从功利角度去研究大众传播实在是犯了方向性错误。于是，他力图把传播研究的注意力转到非功利性的游戏角度，去发展他所说的“大众传播的游戏理论而不是信息理论”。

斯蒂芬森的游戏论有独到之处，不过未免矫枉过正。他把传播的游戏性、媒介的玩具性过分夸大，使之超出正常的界限。媒介诚然有玩具的意味而不纯属工具，大众传播确有游戏的成分而不仅是工作。但是，从总体上看，媒介还是工作性的而不是游戏性的，大众传播还是功利性的行为而不是玩耍性的活动，否则便无法解释政变者为什么总先控制媒介，而对真正的游乐场却并不在意。施拉姆也曾针对游戏论的这一缺陷写道：

如果把诸如阅读杂货店广告、阅读自己的游泳场所遭到污染的消息、阅读关于一位选任官员在公开场合犯了愚笨可笑的错误的消息、阅读一则幽默故事、阅读五角大楼文件、阅读一位领袖遭到刺杀的消息、阅读一位朋友死亡的讣告、阅读对最高法院某项裁决的解释等各不相同的行为，都不加区别地归于他那种把阅读新闻列为游戏行为的范畴中去，而且把这样的游戏看作是一把很大的伞，足以覆盖住它们所有不同的功能和范畴，这样做究竟有没有好处呢？很显然，答案是否定的。阅读一则笑话同阅读总统被刺身亡的消息，其分量与感受是明显不同的。传播的游戏性与非游戏性，媒介的玩具性与工具性，对待信息的功利性与非功利性，在此都判然分明。

四、媒介的议程设置功能

大众传媒所谓的“议程设置功能”是指就物理视野和活动范围有限的一般人而论，关于当前大事及其重要性的认识和判断通常来自大众传播。大众传媒不仅是重要的信息源，而且是重要的影响源。

1. 什么是“议程设置”

议程设置这个对很多人显得陌生的术语，是英语 agenda-setting 一词的对译。从字面上讲，agenda 有议事日程、会议事项等意思，而 set 就是安排、安置、设置。因此，有的地方议程安排有其专门的学科意义，指的是媒介的一项包罗广泛、作用突出的功能，即为公众安排议论的话题，决定人们谈什么和想什么。

“议程设置功能”作为一种理论假说，最早是美国传播学家 M.E. 麦库姆斯和 D.L. 肖于 1972 年在《舆论季刊》上发表的一篇论文中提出的。论文是《大众传播的议程设置功能》，是他们在 1968 年美国总统选举期间就传播媒介的选举报道对选民的影响所做的一项调查研究的总结。

这项研究由两个部分组成：一是对选民进行抽样调查，了解他们对当前美国社会的主要课题及其重要性的认识与判断；二是对 8 家传播媒介（包括报纸、杂志和全国性电视网）的同期政治报道进行内容分析。在对两者的调查结果进行比较的过程中，麦库姆斯和肖发现，在选民对当前重要问题的判断与大众传媒反复报道和强调的问题之间，存在着一种高度的对应关系。也就是说，大众传媒作为“大事”加以报道的问题，同样也作为“大事”反映在公众的意识当中；传媒强调得越多，公众对该问题的重视程度也就越高。麦库姆斯和肖就外交、财政等 15 个项目的问题进行了比较，发现在主要项目上两者的相关系数达到 0.967，在次要项目上达到 0.979。根据这种高度的对应关系，麦库姆斯和肖认为，大众传播具有一种为公众设置“议事日程”的功能，传媒的新闻报道和信息传达活动以赋予各种“议题”不同程度的显著性 (salience) 的方式，影响着人们对周围世界的“大事”及其重要性的判断。

D. 麦奎尔和 S. 温达尔关于“议程设置功能”的假说如图 6–1 所示。图中左侧的 X1、X2……代表现实生活中的各种“议题”，中间的粗黑线段表示传播媒介对这些“议题”的强调程度，右边大小不一的 X 代表公众对这些“议题”及其重要性的认知。通过该图，我们可以观察到传媒的“议程设置”与受众的“议程认知”之间高度的相关关系。

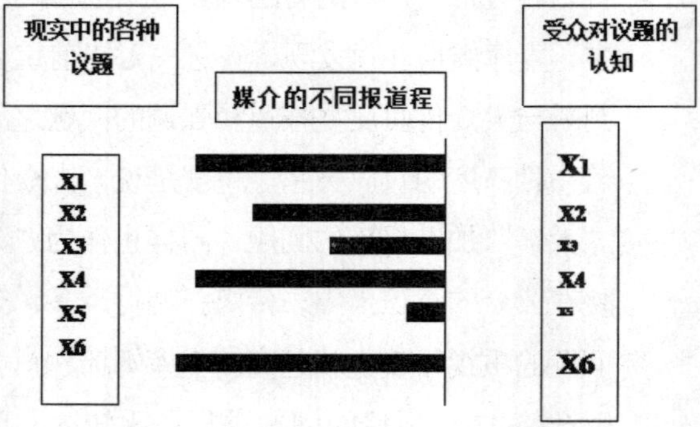

图 6-1 “议程设置功能”假说示意图

“议程设置功能”理论探讨的无疑是大众传播的效果和影响。那么，与历来的效果研究相比，它有什么特点呢？

第一，传播效果分为认知、态度和行动三个层面，这些层面同时也是一个完整意义上的效果的形成过程的不同阶段。“议程设置功能”假说的着眼点是这个过程的最初阶段，即认知层面上的效果。

认知层面上的效果与态度层面上的效果不同。一般来说，后者指的是对“思考方式”的影响，即告诉人们应该“怎样想”；前者指的是对“思考对象”的影响，也就是告诉人们“想什么”。由于传播效果是一个循序发生和深化的过程，认知阶段的效果并不排除对态度和行动产生联动作用的可能性。

第二，“议程设置功能”理论所考察的，不是某家媒介的某次报道活动产生的短期效果，而是作为整体的大众传播具有较长时间跨度的一系列报道活动所产生的中长期的、综合的、宏观的社会效果。这里着眼的是传播媒介的日常新闻报道和信息传播活动所产生的影响。

第三，“议程设置功能”理论暗示了这样一种媒介观，即传播媒介是从事“环境再构成作业”的机构。也就是说，传播媒介对外部世界的报道不是“镜子”式的反映，而是一种有目的的选择活动。传播媒介根据自己的价值观和报道方针，从现实环境中“选择”出它们认为重要的部分或方面进行加工整理，赋予一定的结构秩序（如上面示意图所示），然后以“报道事实”的方式提供给受众。在现代社会里，由于大众传播是人们获得外界信息的主要渠道，不管这种“再构成”是对现实环境的客观反映还是歪曲的反映，都会影响到人们对周围环境的认识和判断。

应该说，大众传播对社会成员的环境认知活动的影响问题，并不是“议程设置功能”理论提出的一个新观点。早在20世纪20年代，美国著名新闻学家W.李普曼就认为，大众传媒的报道活动是一种营造“拟态环境”活动，它形成人们头脑中“关于外部世界的图像”，并由此影响人们的行为（参见本书第七章第三节）。40年代末，传播学奠基人之一拉斯韦尔进一步提出了大众传播具有“环境监测功能”。50年代和60年代也有一些学者从不同角度提出这一观点，例如B.C.科恩在考察报刊的国际报道的影响时曾经指出：“在许多场合，报刊在告诉人们应该‘怎样想’时并不成功，但是在告诉读者‘想什么’方面，却是惊人地成功。”不过，最早将大众传播的环境认知影响明确地概括为“议程设置功能”并进行实证考察的，则是麦库姆斯和肖。

2. “议程设置”理论的研究

“议程设置功能”假说提出以后，引起了传播学界的广泛注目，许多学者对它进行了探讨和验证。较有体系的研究有美国学者D.H.韦弗在1976年的调查，日本学者竹下俊郎在1982年和1986年进行的调查，等等。这些调查的结果都显示了，在传播媒介的“议程设置”和受众的“议程认知”之间具有高度的相关性。随着实证研究和理论探讨的展开，“议程设置功能”的有关概念也不断趋于细致化和明确化。这主要表现在以下几个方面：

● “议程设置功能”的作用机制趋于明确化

从一系列研究实例来看，学者们主要从三种机制上来考察大众传播的“议程设置”效果。第一种机制称作“0／1”效果或“知觉模式”。也就是说，大众传媒报道或不报道某个“议题”，会影响到公众对该“议题”的感知。第二种机制称作“0／1／2”效果或者“显著性模式”，即媒介对少数“议题”的突出强调，会引起公众对这些议题的突出重视。第三种机制称作“0／1／2……N”效果或“优先顺序模式”，即传媒对一系列“议题”按照一定的优先顺序所给予不同程度的报道，会影响公众对这些议题的重要性的判断。一般认为，大众传媒主要是通过这三种机制来设置议程的，而且，从“感知”到“重视”再到为一系列议题按其重要程度排出“优先顺序”，是一个影响和效果依次累积的过程，越往后效果越好，影响也越深刻。

●对“议题”的不同类型进行较深入的研究

例如，韦弗根据1976年的调查结果提出，公众的“议题”在本质上受到传媒“议题”的影响。但公众的“议题”也可以分为不同的类型，如“个人议题”（个人私下认为重要的问题）、“谈话议题”（在与别人交谈、议论之际受到重视的问题）、“公共议题”（在自己的感觉中认为社会上多数人都重视的问题）。相比较而言，传媒对后两种议题的影响更大一些。这三种议题的含义和作用各不相同，但在传播过程中有融合为一的可能性。韦弗在1976年的调查中发现，在历时一年的选举宣传战中，“个人议题”和“谈话议题”始终是一致的，“公共议题”在初期与前两者相差甚远，但随着宣传战的展开和投票的临近，三者不断接近，最终几乎融为一体。

●分析不同媒体“议程设置”的不同特点

麦库姆斯和肖在1968年和1972年两次调查中，都是把报刊、杂志、电视作为一个整体来考察的，其后的许多研究则将不同的媒介加以区别，对它们不同的功能特点加以比较。例如，韦弗等人在调查中发现，报纸的“议程设置”对较长期议题的

“重要性顺序排列”影响较好，而电视的“热点化效果”比较突出；报纸的新闻报道形成“议程”的基本框架，而电视新闻报道则挑选出“议程”中若干最主要的“议题”加以突出强调；电视的主要影响是提供“谈话议题”，而报纸则可以对“个人议题”产生较深刻的影响。

五、媒介的隐性功能：媒介环境

媒介的隐性功能是指人们不易察觉而又确实存在的媒介功能。不言而喻，隐性功能同显性功能是相对而言的。如果说显性功能是显而易见的，那么，隐性功能就是似有似无的。我们不妨把前者看作心理学中的意识，把后者视为潜意识。

1. 身外世界与脑海图景

迄今为止，传播研究对媒介功能的探讨大多集中于显性功能，而隐性功能方面几乎无人问津。

柏拉图在《理想国》中曾讲过一个著名的洞穴比喻。下面是罗素对它的概括。

那个比喻是说，那些缺乏哲学训练的人可以比作是关在洞穴里的囚徒，他们只能朝一个方向看，因为他们是被锁着的；他们的背后燃烧着一堆火，他们的面前是一座墙。在他们与墙之间什么东西都没有；他们所看见的只有他们自己和他们背后的东西的影子，这些都是由火光投射到墙上来的。他们不可避免地把这些影子看成是实在的，而对于造成这些影子的东西却毫无观念。柏拉图的这个洞穴比喻，是对媒介的隐性功能做的一个绝妙的象征性阐释。这里的洞穴可以视为媒介化社会，囚犯就是受众，他们背后燃烧着的火相当于大众媒介。媒介把受众看不到的“背后的东西”投射到洞壁上，形成影像，而受众便借助这些影像去感知实际的存在。也就是说，在媒介化社会中，人们看到的不是实在之物而是它的影像，而这些影像都是由媒介呈现在他们眼前的。用柏拉图的话来说，“他们只看见了自己的影子或别人的影子，那些都是火投射到对面的墙上的。”长此以往，最终人们便不可避免地把这些影子看成是实在的，而对于造成这些影子的东西却毫无观念。换言之，在大众媒介十分昌盛的时代，人们早已习惯于把媒介折射的现实当成现实本身，而对实际存在中的现实却浑然不知，漠然处之。

虽然媒介具有监视环境、提供娱乐、授予地位、安排议程等一系列显而易见的功能，但更重要的是媒介在无意中为人们建构起一个由真真假假的影像组成的虚性世界，并使人把这一虚性世界完全当成真实的生存环境，而对影像所自出的实性世界麻木不仁、一无所知。这正像人们确信无疑地认为天空是蓝色的，而几乎无人会意识到天空的本色，更没有多少人会想到那层使天空呈现蓝色的虚无缥缈的大气层。由于媒介的这种功能表现得非常隐秘、似有若无，所以，被称为隐性功能。

最早发现媒介的隐性功能的人是大政论家李普曼。李普曼认为，我们的身外世界（即实性世界）变得越来越广阔而纷杂，如今人们已很难直接去感知它、把握它、理解它，诸如关税、贸易、财政预算、战争与和平等众多人们必须面对的问题，都远远超出人们直接接触、亲身感受的范围。因此，对绝大多数人来说，身外世界实际上已是“不可触、不可见、不可思议的”。

然而，人们毕竟得面对这个世界，毕竟得与它保持联系，因为人们就生活在其中。那么怎么办呢？这就需要建构一个可供感受、适合体验的间接环境，这就是所谓的脑海图景。脑海图景是个经过简化的“伪环境”，其作用在于把臆想的秩序及联系加诸庞杂混乱、无所适从的身外世界，变无序为有序，从而为自身提供一个“可触可见可思议”的环境。很显然，李普曼所说的脑海图景脱胎于柏拉图讲的洞壁影像，而且脑海图景也同洞壁影像一样都被确信无疑地当作实性世界或真正的现实来看待。

由此可见李普曼似已窥见隐性功能的神秘王国，遗憾的是，他只是蜻蜓点水般地略微一碰便又翩翩飞去。

2. 媒介环境

从柏拉图的洞壁影像和李普曼的脑海图景，可以联系到媒介环境。所谓“媒介环境”，就是上面说到的那个“由真真假假的影像所组成的虚性世界”。隐性功能表现为建构媒介环境，正如显性功能表现为监视环境、提供娱乐、安排议程等，媒介的隐性功能可以看作是建构媒介环境。

就像前面李普曼说的一样，当今的身外世界早已变得无比庞杂，远非个人所能亲历。这时，大众媒介把“不可触、不可见、不可思议”的实性世界投射给人们，为人们提供一个可知可感并且仿佛也能亲身经验的虚性世界，即那个间接的、人为的、虚化的媒介环境。我们自以为同实际的现实环境保持着直接的联系，其实，我们无时无处不在同虚化的媒介环境打交道。大众媒介在我们同世界本身之间竖起一道不见实物只见虚影的隔离墙，即媒介环境。对此一般人自是浑然不觉，而媒介专家也大多未考虑到它的存在及意义。

媒介环境中有两个部分最重要、最引人注目：一是媒介事件，二是媒介人物。它们构成媒介环境的主体。依照通常的理解，媒介事件专指有意安排的、非自然的人为事件。比如，记者招待会、公关活动、揭幕剪彩等都属此类。这样的媒介事件，都经过人为的安排供媒介报道使用。也有人把所有经过大众媒介传播的事件通称为媒介事件，不管它是人为制造的伪事件，还是自然发生的真事件。媒介事件可能为真，可能为伪，这并不重要；重要的是媒介事件都是事件本身的虚化影像。媒介人物也是如此。没有几个人能直接接触、亲自了解实际中的希特勒、罗斯福、戴高乐、丘吉尔，人们所见所知的不过是经过媒介折射出的人物的影像。

媒介事件与人物同实际事件与人物之不同，这在一项著名的传播研究中得到有趣的说明。1951

年，库特·兰和格拉迪斯·兰借麦克阿瑟从朝鲜战场回国，对有关欢迎活动的电视报道做了一次研究。他们事先选派两班人马，一班观看电视报道，另一班分布在沿途迎候麦克阿瑟的人群中。这样安排使一批人接触媒介事件与人物，另一批人则直接感知实际事件与人物。研究结果显示，在现场欢迎麦克阿瑟的人并不怎么激动，甚至感到有些厌烦。因为他们要等较长时间，而麦克阿瑟的车队开来时又一晃而过，人们顶多看上两眼，欢呼两声，之后便散了，对整个事件感觉平平。与此相反，人们对电视媒介报道这一事件的感受却大不相同。因为电视摄像机就架在麦克阿瑟后面的那辆车上，电视镜头时而朝向欢呼的人群，时而对着微笑的麦克阿瑟，推拉摇移，交替变化，给人以隆重热烈、胜利凯旋的印象。于是观看电视转播的人自然比较兴奋和激动。

这项研究对理解媒介环境很有启发。这里的人同是麦克阿瑟，事也同是欢迎归国，但一经媒介传播后，给人的感受与印象便大不相同。需要说明的是，对此事的报道基本遵循着客观性的法则，也就是说报道属实，并没有歪曲捏造，更没有无中生有。即便如此，尚有这般悬殊，更不用说那些故弄玄虚的媒介事件与人物了。如果人们经年累月听到的都是媒介事件，日复一日见到的都是媒介人物，久而久之便难免将媒介环境当成实际环境；如果人的主客观活动都被置于一种非实在的虚化环境中，那么，此种环境对人类生存及社会发展的潜移默化作用便不容忽视。

媒介环境渗透到现代生活的方方面面，同现实中的一切都有千丝万缕的联系，其价值实在无法估量。对现代人而言，包罗万象的媒介事件与媒介人物像铺天盖地、无孔不入的空气，无时无处不弥漫在我们的周围。

传播学十二讲

Communication Science

第七讲

人有人的用处，谁在影响传播
——媒介控制

一、媒介控制

我们每天看到的新闻、电视剧、电影都是精心挑选出来的。这个挑选的过程也就是对媒介控制的过程——控制分析，它包括两大项：一是控制主体即“谁”，二是控制手段即“说什么”。

1. 国家和政府的政治控制

国家和政府的政治控制是媒介控制的主要方面。这种控制的目的，是通过规定大众传播体制，制定有关法律、法规和政策，来保障媒介活动为国家制度、意识形态以及各种国家目标的实现服务。

第一，规定传媒组织的所有制形式。一个国家的传媒采用什么样的所有制形式，主要取决于国家政治制度和经济制度，社会历史文化以及传媒本身的性质也对所有制形式的确立产生重要影响。

第二，对传播媒介的活动进行法制和行政管理。包括对传媒的创办进行审批、登记，分配传播资源，对媒介活动进行多方面的监督管理等。

第三，限制或禁止某些信息内容的传播。限制或禁止的具体内容，在不同国家和不同社会制度下是不同的，一般大致包括以下几个方面：（1）与国家制度或意识形态有关的内容；（2）国家安全及国防机密；（3）名誉侵权和隐私侵权；（4）淫秽和非法出版物；（5）对公众利益和社会文明风气有害的其他内容。

第四，对传播事业的发展制定总体规划和实行国家援助。国家和政府的控制并不都是限制性的，积极的指导和扶持也是一个重要的方面。随着信息经济时代的到来，各国政府都对发展传播事业给予了高度重视。

2. 利益群体和经济势力的控制

国家和政府对传播媒介的控制属于直接的制度控制，但是，从对媒介活动的制约和影响的角度而言，国家和政府的控制并不是唯一的控制，还存在着种种社会利益群体和经济势力的控制。这些控制是在一定社会制度和传播制度的范围内进行的，所以，会带有明显的制度性因素。

在我国社会主义制度下，社会各阶层、政党或团体都拥有创办自己的媒介的平等权利。民主党派、少数民族、工人、农民、知识阶层、妇女、青少年群体等，一般都有自己的机关媒介或主要面向他们的媒介。这些社会群体能够通过自己的媒介来维护自身的利益，传播自己的主张，参与国家的政治、经济、文化和社会生活，作为能动的主体在我国的大众传播事业中起着重要的作用。

在资本主义制度下，除了垄断资本和少数大利益集团外，一般社会群体的传播权利是不能得到保障的，传播媒介的控制权主要掌握在垄断资本手中。例如在美国，20 世纪 80 年代初有 1700 种日报、11000 种杂志、9000 个广播电台、1000 个电视台、2500 家图书出版公司、7 家电影制片厂。这样庞大的媒介产业，实际上绝大部分控制在 50 家最大的媒介公司手中。控制权的高度集中，保证了少数垄断资本在大众传播过程中的统治地位。

3. 广大受众的社会监督控制

在现代社会里，大众传播对人们社会生活的各个方面产生着重要的影响。许多传播内容，例如报道的新闻或传播的信息是否真实、刊登的广告是否可靠、提供的文化和娱乐内容是否健康有益等，都会直接影响到受众的利益。因此，广大受众对传播媒介的活动有监督的权利。

受众对媒介活动进行社会监督和控制的手段可以分为以下四种：

第一，个人的信息反馈。即以来信、来电和来访等形式直接表达对媒介活动的意见、建议、批评或抗议。这是最常见的监督方式。

第二，结成受众团体，以群体运作方式对媒介活动施加影响。例如，日本有一个“大众传播市民会议”的受众团体，他们从一般受众的立场出发对传媒活动进行分析和批评，发行自己的月刊《传媒市民》，此刊物具有较广泛的社会影响。

第三，诉诸于法律手段。如果媒介提供的虚假报道或广告直接损害了受众的实际利益，或媒介内容侵犯了公民的名誉权或隐私权等，公民可以向法律机构提起诉讼，要求对传播媒介的违法行为进行法律制裁和索赔。

第四，通过影响媒介的销售市场来制约媒介活动。大多数传媒机构都有经营目的，发行量和收视率是它们的生命线。对那些性质恶劣的媒介或信息产品，受众可采取拒买、拒看、拒听行动，这也是受众对媒介活动发挥控制影响的最后手段。

媒介控制是一个非常复杂的问题，不仅包含着国家和政府与媒介的关系、利益群体和经济势力与媒介的关系、广大受众与媒介的关系，还包含了自由与责任、权利与义务、竞争与秩序、生产与消费、经济效益与社会效益等各种复杂的矛盾。大众传播在不同的社会制度下具有不同的性质和特点。这些不同，实际上体现了不同社会对上述问题在认识上的区别以及处理、解决方式上的差异。

二、媒介规范理论的演变

传播制度是直接或间接地对大众传播起着控制和制约作用的社会规范体系。但是，究竟应该用什么样的规范来约束大众传播活动，在不同的时代、不同的社会阶层是不同的，甚至是矛盾和对立的。一个社会中的传播制度所体现的，实际上只不过是上升到统治地位的规范体系。

1. 极权主义媒介规范理论

极权主义也称权威主义。这是一种在对社会事物进行评价和判断时，不从事物本身的内在价值出发的认知态度和思维方式。

极权主义理论是维护专制统治的理论，极权

主义的媒介规范理论，同样体现了极权主义政治制度理论的观点。它的最大特点是主张媒介必须以权力的意志为转移，为统治者服务。这种理论是在15世纪中叶近代印刷技术发明后不久产生的。印刷术的发明催生了近代报刊，随着文艺复兴和宗教革命的发展，欧洲各国出现了不少反对封建专制、宣传新兴资产阶级革命的书籍和报刊。封建王朝和专制政府把这些出版物视为对自己统治地位的巨大威胁，迅速采取了严厉的管制和镇压措施。英国国王亨利八世于1529年公布了第一个禁书法案，于1530年建立了第一个出版特许制度；1559年，伊丽莎白女王发布禁令，规定由大主教来管制出版；到了16世纪后期，英国统治者已经形成了一套完整的出版管制制度，那就是都铎王朝在1586年发布的《星法院法令》。

极权主义的媒介制度以及规范理论正是在这个过程中形成的。它的主要内容包括：一、报刊必须对当权者负责，维护国王和专制国家的利益；二、报刊必须绝对服从权力或权威，不得批评占统治地位的道德和政治价值；三、政府有权对出版物进行事先检查，这种检查是合法的；四、对当权者或当局制度的批判属于犯罪行为，会受到法律制裁。

在极权主义媒介制度下，报刊和出版受到的管制是严厉的，甚至是残酷的。例如，英国的“星法庭”规定：违反条例的出版者不仅要被处以罚金，而且会被判处徒刑和肉刑，包括戴枷示众、笞刑、烙印、截去手足等；对反对封建统治的“思想犯”或“政治犯”，甚至可以进行秘密审判，不经辩护程序即可做出判决。

在17、18世纪，资产阶级革命取得决定性胜利之前，极权主义传播制度在欧洲统治了数百年，法国、德国、俄国都有过漫长的极权主义统治时期。我国在1840年鸦片战争以后进入半殖民地半封建时代，清政府的传播制度也具有半殖民地半封建的性质：一方面，清政府给予外国报刊“治外法权”，把管理主权拱手让给租界当局；另一方面，对民族报业和报刊则实行高压政策，对宣传进步和革命思想的报刊采取严厉的制裁和查封措施。1902年制定的《大清报律》规定：报纸不得记载“诋毁宫廷之语、淆乱政体之语”，并规定了发行前的审查制度。这些内容与西方极权主义的媒介规范是一脉相承的。

近代极权主义传播制度随着资产阶级革命的胜利而崩溃，但也出现过死灰复燃的现象。“二战”

中的德意日法西斯的传播体制是一种现代极权主义，它的特点是不满足于对传播媒介的消极控制，而是通过积极的强制改造使之成为国家的战争宣传机器，给人类社会带来的危害远远超过了古典的极权主义。法西斯主义极权制度虽然被世界人民的正义战争送入了坟墓，但在，在现代世界仍然存在着使之复活的条件，这是我们不能不警惕的。

2. 自由主义媒介规范理论

自由主义媒介规范理论也称报刊的自由主义理论，反映了资产阶级自由主义的观点，即认为报刊应该是“观点的自由市场”，是实行自律的自由企业。自由主义理论的主要原理和原则包括：一、任何人都拥有出版自由而不必经过政府当局的特别许可；二、除人身攻击以外，报刊有权批评政府和官吏，这种批评是正当合法的；三、新闻出版不应接受第三者的事先检查，出版内容不能受到任何强制；四、在涉及观点、意见和信念的问题上，真理和“谬误”的传播必须同样得到保证。

在 17、18 世纪资产阶级革命时期，自由主义媒介规范理论在同极权主义制度及其规范理论的斗争中形成。英国诗人、政治家约翰·弥尔顿 1644

年出版的政治小册子《论出版自由》在当时产生了重要的影响。在这本小册子中，他根据“主权在民”和“天赋人权”的思想，对封建专制制度对人民的自由民主权利的压制进行了犀利的揭露和批判，并提出出版自由是人的与生俱来的权利。弥尔顿认为，限制人民的言论出版自由就等于压制真理，因为真理只有在“自由而公开的斗争”中，才能战胜谬误，证明自己的真理性。因此，实行许可制和查禁制，实际上等于伤害真理本身。弥尔顿的这个思想，为自由主义媒介规范理论奠定了重要的理论基础。美国学者 F.S. 席伯特指出，现代自由主义理论中两个重要原则——“观点的公开市场”和“自我修正过程”就是从弥尔顿的思想中发展来的。这两个原则的基本假设是：第一，人是希望了解真理并愿意服从真理的；第二，为了接近真理，唯一的方法就是保证各种不同意见能够在“公开的市场”上进行自由竞争；第三，人们的意见不可能都是相同的，应该以承认他人的权利为前提，保障每个人自由表达自己意见的权利；第四，在各种不同意见的讨论和碰撞中，最终能够产生一般人承认的最合理的意见。

除了弥尔顿以外，对自由主义理论的形成产生过重要影响的还有19世纪英国的哲学家约翰·斯图亚特·米尔以及美国独立战争时期的思想家和革命家托马斯·潘恩、托马斯·杰弗逊等。米尔在1859年出版的《论自由》一书中特别强调了自由表达意见的重要性："假如全人类意见相同，而只有一个人持有反对意见，即使在这种场合，人类也没有迫使这个人沉默的权利。反过来说也是如此，即便这个人拥有迫使全人类沉默的力量，他也没有这样做的权利。迫使不同意见沉默带来的弊害在于，这种做法剥夺了人类的权利，不仅是现代人的权利，而且包括他们子孙的权利。如果这种意见是正确的，那么反对的人们就会失去抛弃谬误、服从真理的机会；如果这种意见是错误的，他们则体验不到由真理和谬误的冲撞带来的真理的鲜明知觉和印象——这与舍弃谬误服从真理同样是有益的。"

潘恩和杰弗逊在反对英国对美国的殖民统治、把自由主义理论的一些原则写入《独立宣言》和美国宪法的过程中起了重要的作用。18世纪80年代后期，杰弗逊领导的美国资产阶级民主派同大地主和大资产阶级右翼势力进行了尖锐的斗争，在1789年使包括言论出版自由、宗教信仰自由以及集会、结社、请愿等权利，以宪法修正案的形式正式写入了美国宪法。

早期自由主义理论对打破极权主义专制制度和等级支配观念，确立自由、平等和权利思想起了巨大的作用。对自由主义理论的“出版自由”的口号，马克思和恩格斯等无产阶级革命家都给予过高度评价和肯定。马克思1848年在比利时参加新年晚会，会上他称赞了比利时的自由宪法，认为宪法允许自由争论、结社，为整个欧洲的利益传播了人道主义的种子。恩格斯则指出，资产阶级的胜利是靠人民大众的力量取得的，因此，它取得的每一个胜利，都不得不同一个新的社会力量分享，这个新的社会力量最初是它的同盟者，但是不久就成了它的对手。他们认为，资产阶级在反封建和王权的斗争中以人民的名义征集的武器——结社权、出版自由等，同样可以被人民用来反对资产阶级的统治。实际上，马克思和恩格斯创办革命报刊，从事工人运动，也是充分利用了资产阶级革命后相对宽松的言论自由和出版环境的。

然而，自由主义理论与资本主义的政治和经济制度结合在一起，保障的并不是全体社会成员的利益，而是私有资本的利益。恩格斯曾经指出资本主义社会中出版自由的本质：“在一切以资本和金钱为转移的条件下，出版自由就仅仅是资产阶级的特权，因为出版需要钱，需要购买出版物的人，而购买出版物的人也得要有钱。”以后的历史发展也证明，自由主义理论没有也不可能实现它最初设想的社会理想。相反，随着资本主义发展到垄断阶段，自由主义理论本身也发生了蜕变，成了维护垄断资本利益的理论。在全球信息化的今天，它们进一步演变成了个别传播大国推行文化帝国主义的理论。

3. 社会责任规范理论

社会责任理论是继自由主义理论之后出现的又一种媒介规范理论。它由美国“新闻自由委员会”在 20 世纪 40 年代提出，其代表性著作是 1947 年出版的《自由与负责的报刊》。社会责任理论是强调大众传播媒介对社会和公众应该承担一定责任和义务的理论，是对自由主义理论的一种修正。自由主义理论受到修正有其特定的原因和社会背景。第一，进入 20 世纪以后，传播媒介的垄断程度越来越高，传播资源越来越集中于少数人手中，所谓“观点的公开市场”的理念与实际的社会现状发生了尖锐的矛盾；第二，自由主义理论强调的是传播者的权利，而没有涉及作为公众的受传者的权利；

第三，这个理论谈论的对象是意见、观点或思想的自由，而没有更多地考虑到作为私有企业的盈利活动的信息传播的性质和影响问题。换句话说，媒介集中和垄断的加剧使媒介越来越被少数人控制，大多数人越来越失去表达自己意见的手段和机会；私有媒介的传播内容在盈利动机的驱使下，越来越浅薄化、刺激化，严重地危害了社会道德规范，带来了不少深刻的社会问题。这种状况引起了人们对自由主义理论及其媒介制度的强烈不满。

社会责任理论正是在这种背景下产生的，不过，它并不是对自由主义理论的否定，而是对自由主义理论的改良。美国学者 T.B. 佩特森认为，无论在前者还是后者的规范中，媒介的任务都是不变的：一、通过提供关于公共事务的信息、讨论或辩论来服务于政治制度；二、启发和提高公众的自我决策意识；三、对政府进行监督，维护社会成员个人的利益；四、主要通过广告媒体来沟通商品或服务的市场，从而为经济制度服务；五、提供娱乐；六、保持财政的自给自足，以免受到特定势力的压力。但是，社会责任理论有一个不同于自由主义理论的大前提，就是它主张媒介的自由不是绝对的："自由伴随着一定的义务，享受着政府赋予的特权地位的报刊，有义务对社会承担一定的责任。”

现代社会责任理论大体包括了以下原则：一、大众传播具有很强的公共性，因而媒介机构必须对社会和公众承担和履行一定的责任和义务；二、媒介的新闻报道和信息传播应该符合真实性、正确性、客观性、公正性等专业标准；三、媒介必须在现存法律和制度的范围内进行自我约束，不能煽动社会犯罪，不能传播宗教或种族歧视的内容；四、受众有权要求媒介从事高品位的传播活动，这种干预是正当的。

社会责任理论的目的有两个：一是防止由传播事业的高度垄断而引起的资本主义内部的矛盾激化；二是防止由传媒内容的浅薄化、煽情化、刺激化引起的社会道德和文化的堕落。第二个方面已经有了一些制度化的措施，如美国《1996 年电信法》中的限制暴力和色情内容的“v 芯片”制度和节目内容分级制度，但在第一个方面，由于社会责任理论仅仅把希望寄托于“媒介自律”，其效果是微乎其微的。

4. 民主参与规范理论

民主参与理论也称为受众参与理论，是在 20

世纪70年代以后随着社会信息化的发展和媒介的集中垄断程度达到新的高度后，在美国和欧洲、日本等一些发达国家出现的一种新的媒介规范理论。一方面，信息化的发展使得信息与传播的问题在社会政治、经济、文化生活中的作用越来越重要；另一方面，现实的媒介垄断使传播资源越来越集中于少数人手中，在资本主义的排他性私人占有制下，一般民众接近和使用传播媒介的机会越来越少。民主参与理论正是在一般民众要求自主利用媒介的意识不断提高而现实中又缺乏可以利用的传播资源的状态下出现的。在民主参与理论诞生和发展的过程中，美国学者J.A.巴隆的《媒介接近权：为了谁的出版自由》（1973年出版）和B.H.巴格迪坎的《传播媒介的垄断》（1983年出版）产生过重要的影响。

民主参与理论要求大众传播媒介向一般民众开放，允许个人和群体的自主参与。它的主要观点是：一、任何民众个人和弱小社会群体都拥有知晓权、传播权、对媒介的接近和使用权、接受媒介服务的权利；二、媒介应主要为受众而存在，而不应主要为媒介组织、职业宣传家或广告赞助人而存在；三、社会各群体、组织、社区都应该拥有自己的媒介；四、与大规模的、单向的、垄断性的巨大媒介相比，小规模的、双向的、参与性的媒介更合乎社会理想。民主参与理论的核心价值是多元性、小规模性、双向互动性、传播关系的横向性或平等性。

民主参与理论反映了一般民众对社会责任理论的失望心理，因为这种理论并没有改变少数人垄断媒介的现状。在信息已经成为一种基础资源的今天，民众只有自己行动起来才能争取到自身的传播权和媒介接近权。在西方资本主义国家，民主参与理论属于一种体制外的规范理论，但由于它是社会公众的呼声，其力量也是不可忽视的，特别是在公共性较强的广播、电视、有线电视以及社区媒介领域，民主参与理论产生了广泛的影响。例如，在美国、德国等西方发达国家，不少地方自治体规定，商业有线电视必须开设“开放频道”（Openchannel），允许一般受众自主参与。在这些频道里，个人或团体可以根据排队原则（Queuing Principle）按申请时间先后顺序播出自己制作的节目。在德国，到1993年为止，已有八个联邦州的三十多个城市有线电视台开设了这种开放频道。

在西方资本主义社会中，有多种媒介规范理论对大众传播活动产生着影响，但它们的性质是不一样的。民主参与理论虽然具有一定的影响，但仍然只是作为民众的要求在体制外起着一种牵制作用。在资本主义的排他性私人占有制下，受众的传播权和媒介接近权在客观上是很有限的。资本主义国家占统治地位的媒介规范是自由主义理论和社会责任理论，政府和法律机构主要是通过这两种理论去协调国家内外的传播关系。以美国为例，当媒介的垄断和集中引起普遍不满之际，政府和法律机构利用社会责任理论对大媒介的活动加以某种制约，防止社会矛盾进一步激化；在需要保障垄断资本利益的时候，政府往往以自由主义理论为决策依据。从目前的状况而言，美国政府对这两种理论的实用主义态度也是很明显的。一方面，美国在国内传播领域更强调社会责任理论，因为它有助于维持国内传播秩序的稳定；另一方面，在跨国传播领域，美国更强调自由主义理论，主张信息流通的绝对自由，反对发展中国家对外来信息进行自主管理。但是发展中国家很明白，在世界上绝大部分跨国媒介和通信工具控制在以美国为首的少数传播大国手中的情况下，所谓信息流通的自由，只能是少数传播大国的自由，因为发展中国家无论在硬件还是在软件方面都缺乏与之抗衡的实力。不少发展中国家甚至一些发达国家的学者认为，美国在跨国传播领域主张信息流通自由，实质上是为了保证美国在世界传播秩序中的垄断地位。今天的自由主义理论，实际上已经蜕变成了个别传播大国推行文化帝国主义的工具。

5. 社会主义媒介规范理论

社会主义媒介规范理论的形成经历了革命战争和社会主义建设两个时期，处于不断发展和完善的过程之中。

●社会主义媒介规范理论的渊源

社会主义媒介规范理论是在无产阶级革命的理论和实践的基础上产生的。无产阶级的思想家和政治家们都十分重视报刊在革命中的作用。据统计，马克思和恩格斯在他们的一生中亲手创办和主编的报刊有五种，对办报方针产生过直接影响的有七种，此外还为六十多家报刊撰写过稿件、著作和文章。他们提出过“人民报刊”的思想，高举“出版自由”的旗帜，为劳动阶级和一般大众争取言论和出版的权利。1848 年，他们在欧洲革命风暴中创办了《新莱茵报》，在领导和组织这张“革命无产阶级最好的机关报”的过程中，将“人民报刊”思想进一步发展成为无产阶级报刊思想和党报思想。我国新闻学学者成美认为，马克思和恩格斯关于无产阶级党报的基本指导思想和工作原则正是在这个期间确立的，其要点包括：党的报刊宣传活动是工人阶级政治行动的一部分，必须接受党的领导；党的政治纲领是党报进行宣传的最高准则，党的一切宣传工作必须严格遵循党的政治纲领；必须调节处理好党报和党的领导机关以及无产阶级群众三者之间的关系；必须依靠人民并且由工人自己提供资金，坚持作为工人阶级群众性舆论工具的独立性等。

列宁在领导俄国无产阶级革命过程中进一步丰富和发展了马克思和恩格斯的报刊思想。列宁指出：报纸的作用不限于传播思想、进行政治教育和吸引同盟军；报纸不仅是集体的宣传员和集体的鼓动员，而且是集体的组织者。这段论述可以说是列宁对党报功能和作用的高度概括。这里不仅包含了传播思想的功能、政治教育的功能、宣传鼓动的功能、统一战线的功能，还包含了列宁将之比喻为“建筑物脚手架”的组织功能。

在中国共产党领导的新民主主义革命过程中，毛泽东、刘少奇、周恩来等为代表的老一代革命领袖也十分重视党报工作。在他们的指导和关心下，党的新闻工作逐步形成了一些基本的理论、原则和方针，包括关于新闻的起源和本源的唯物主义观点、新闻的真实性原则、新闻工作的党性原则、全党办报和群众办报方针以及理论联系实际、密切联系群众和批评与自我批评的党报工作三大作风等。新中国成立以后，这些原则、方针和作风同样是我国社会主义媒介的基本指导思想。

●苏联社会主义媒介规范理论

1917年，俄国“十月革命”获得胜利，建立了世界上第一个社会主义国家。根据无产阶级革命的既定目标，苏联党和政府对资产阶级新闻事业进行了彻底的改造，并建立了一套全新的传播制度。1918年，第五次全俄苏维埃代表大会通过了第一部苏联宪法，其中第14条规定：“为保障劳动者享有真正表达自己意见的自由，俄罗斯社会主义联邦苏维埃共和国消灭出版事业对资本的从属关系，技术与物质手段一律交归工人阶级与农民掌握并保障此等印刷品在全国自由地传播。”在报刊和出版领域对旧的制度进行改造的同时，社会主义苏联还创办了自己的通讯社和广播、电影等传播事业。经过两次世界大战，无产阶级革命在东欧和亚洲一系列国家取得胜利，社会主义传播制度成为与资本主义传播制度相抗衡的主要力量。

概括起来说，以苏联为代表的社会主义国家的传播制度具有以下几方面的原则和规范：一、传播媒介和传播资源是国家的公有财产，不允许私人占有；二、传播媒介必须为工人阶级服务，必须接受工人阶级先锋队——共产党的思想和组织上的领导；三、媒介必须按照马列主义原理、社会主义的意识形态和价值体系来传播信息，宣传、动员、组织和教育群众；四、在服务社会总体目标的同时，媒介应该满足广大群众的愿望与需求；五、国家有权监督和管理出版物，取缔反社会的传播内容。

社会主义制度的建立为消灭阶级剥削和阶级压迫，实现普遍的社会民主、平等和自由提供了可能性。但是，要把这种可能性变成现实，还需要更复杂的社会条件，需要社会物质文明和精神文明的高度发展。换句话说，无产阶级及其政党在夺取政权以后，应该把自己的中心任务由政治斗争迅速地转移到经济建设和国家发展上来，而无产阶级的新闻、出版和传播事业，也应该随着党的核心任务的变化，由旧制度的批判者转变为新社会的建设者，成为推动社会经济发展和民主建设、文化建设的重要力量。遗憾的是由于各种复杂的原因，苏联和东欧国家的党和政府并没有成功地实现这个转变，在一个相当长的时期内依然把政治斗争和意识形态斗争放在首位，这不仅延误了国家的经济建设和现代化进程，而且最终导致了20世纪90年代初社会主义制度在这些国家的解体。苏联和东欧国家的教训表明，社会主义制度的建立并不能自动保证社会主义事业的成功，社会主义事业最终目标的实现，还有待于各种社会历史条件的成熟。

三、大众传媒的把关及把关人

现实生活中每天有成千上万的事情发生，但并不是所有的事情都会被大众媒体选中，因为大众媒介会对收到的信息进行筛选。在传播学中，从事这些事情的人被称为把关人，而他们的这个行为被称为把关。

1. 卢因的把关人概念

把关是传播学的一大范畴。最早提出把关这一概念的，就是传播学四大先驱之一的心理学家卢因。

卢因去世前不久曾发表过一篇《人际关系》（1947）的论文。正是在这篇文章中，他首创了把关一词。这是他从英文的守门人一词化用来的。所以，有的地方也称把关为守门，称把关人为守门人。当然，卢因所说的把关（守门）是一种比喻的说法，其实际含义是指对信息的筛选与过滤。我们知道，人不同于机器，有感情、有思想、有独特的思维习惯，因而在传播活动中不可能保持纯客观，总是会不由自主地把个人的影子投射其中，势必要多多少少地按照自己的主观意愿来处理流经的信息。也就是说，参与传播的每个人都不可避免地要从各自的立场对信息进行筛选与过滤。这种筛选与过滤的行为叫把关（守门），有这种行为的人就叫把关人（守门人）。在传播活动中，把关人对感受到的信息进行选择，他认可的信息才能继续流通，否则就只能待在门外。

对此，施拉姆曾举出许多例子加以说明，他说：在信息网络中到处都设有把关人，包括记者，他们确定一场法庭审判、一次事故或者一次政治示威中究竟有哪些事实应该加以报道；包括编辑，他们确定通讯社发布的新闻中有哪些应该刊登，哪些应该抛弃；包括作家，他们确定有哪些类型的人物和事件值得书写，什么样的人生观值得反映；包括出版公司编辑，他们确定哪些作家的作品应该出版，原稿中有哪些部分应该删除；包括电视、电影制片人，他们确定摄影机应该指向哪里；包括影片剪辑，他们在剪辑室内确定影片中应剪掉和保留哪些内容；包括图书管理员，他们确定应该买些什么书籍；包括教员，他们确定应该采用什么样的教科书和教科片；包括负责汇报的官员，他们确定应该把哪些情况向上级汇报；甚至包括餐桌旁的丈夫，他们确定当天在办公室发生的事件中，有哪些应该告诉妻子。这些例子说到底都是在对信息进行筛选与过滤，也就是所谓的把关。

从上述情况中也不难看到，把关是传播活动中一个非常普遍的现象，每个人在信息的大循环中都在有意无意地充当把关人。卢因的把关概念如同拉扎斯菲尔德的舆论领袖概念一样，好似茫茫大海上的灯塔，尽管自身的亮度有限，但却为黑暗笼罩中的船只指明航线。自从把关概念提出之后，许多研究者受它的启发，深入开掘，发现了许多很有意义的问题。这方面尤以怀特的研究最早也最典型。

2. 三种把关模式

去售楼部看过房的朋友知道，在售楼部有一个整个小区的规划的沙滩模型，从这个模型上我们可以清楚地看到哪里是房屋，哪里是花园，哪里是道路，哪里有绿化，会对整个小区有一个整体的认识。一些传播学研究者为了清楚地展示把关过程研发出来了一些把关的模式。

●怀特的把关研究

怀特的把关研究被奉为传播学的经典研究之一，一向为人们所乐道。说来这项有名的研究并不复杂，它无非是通过输入信息与输出信息的对比，探讨把关及把关过滤信息，用一个公式表示就是：输入信息－输出信息＝把关过滤信息。

开始，怀特先请一位美国地方报纸的编辑合作，以一星期为限，让他把这一周内报社收到的所有电讯稿全部保留下来，这些通讯社的来稿就相当于这家地方小报的输入信息。与此同时，怀特又请他把报纸在这一周内所选用的电讯稿统计出来，这些得以见报的稿件就相当于该报的输出信息。结果表明，这位报社编辑一周内共收到 1910 条电讯稿，而他从中选用的不过 297 条，大约只占 1/10，其余的 9/10 都被把关过程淘汰。这位报纸编辑就是一位典型的把关人，他的日常工作就是一种突出的把关行为。

怀特的把关说可以用这么一个模式来显示，如图 7-1 所示。

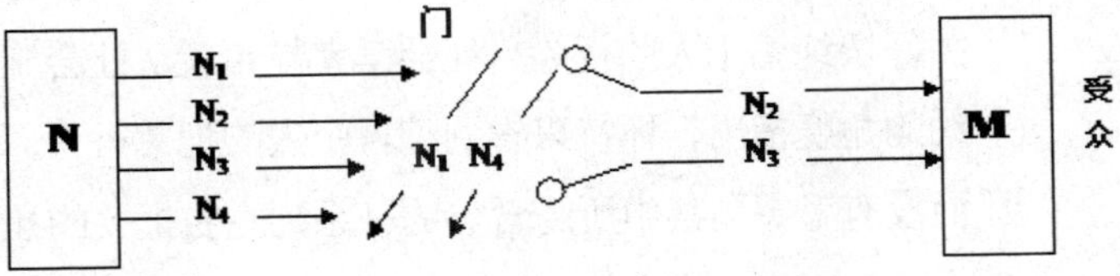

图 7-1　怀特把关模式示意图

上图中的 N 表示新闻信息来源，N_1、N_2、N_3、N_4 指新闻，N_1、N_4 是舍弃的新闻，N_2、N_3 是选择的新闻，那位报社编辑就处在“门”的位置上，四位“来客”经他审查之后，两位被挡驾，两位被放行。也就是说输入信息为 4，输出信息为 2，把关过滤信息为 2，即：输入信息 4 －输出信息 2 ＝把关过滤信息 2。拉斯韦尔曾说过：“任何一个传递信息的人都可以从信息输入和信息输出两个方面受到检验。”怀特的把关研究可以说为这一论断提供了范例。

当然，作为最早的一项把关问题研究，怀特的理论难免会有不足之处，其中最突出的一个缺陷就是过分强调把关者的个人权限，忽略了各种联系所形成的必然性与社会性。从他的把关模式上看，把关人对新闻仿佛操有生杀予夺的大权，似乎完全可以依照自己的主观好恶来随心所欲地处置新闻，把关好像纯属个人的行为。社会学家赫希就从社会制约的角度指出，怀特只看到编辑个人的把关行为，而没有考虑到其中所隐含着的一系列左右把关的社会系统因素。事实上，把关并不像天马行空，可以任意往来，它不仅要受到媒介组织及其规范的约束，而且还要受到整个社会文化背景的影响。有过新闻工作经验的人对此都不难理解。总之，把关活动表面上看带有很大的主观随意性，而实际上都程度不同地受到客观必然性的制约。怀特的问题是只看主观随意的一面，不讲客观必然的一面。

●麦克内利的把关模式

麦克内利的把关模式是对怀特单一把关说的修正与发展。用麦奎尔等人的话说，它“试图描述在新闻事件与最终的接受者（报纸读者等等）之间存在的各种各样的中间传播者”。这一模式的简化形式如图 7–2 所示：

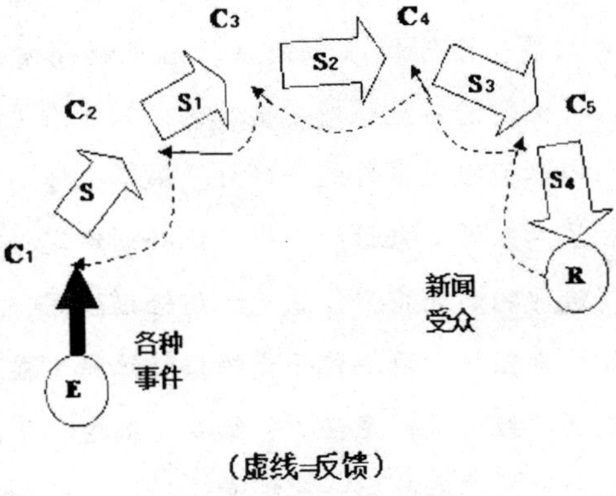

图 7-2　麦克内利把关模式

这个模式中的 C_1、C_2、C_3、C_4、C_5 等都是把关人，我们可以把他们分别看作通讯社的驻外记者、外国分社的编辑、总社的编辑、国内分社的编辑、报社的电讯编辑等。他们相继处在新闻事件与新闻受众之间，对通过他们的众多新闻稿依次进行筛选、过滤和加工，从而发出 S_1、S_2、S_3、S_4 等各不相同的信息。他们好比是埋伏在信息流通渠道上的一个个剪辑大盗，信息途经他们的关口都得遭受一番盘剥。台湾的传播学者徐佳士曾经针对这种情形做过一段假想性的描述，这段描述也可作为麦克内利把关学说的具体说明：

假定一则新闻发生在俄国基辅，最后传到基隆。第一个守门人就是亲眼看见新闻发生的那个人，他是看不见事情的全部的，只能看见一部分，所以只能报道事件的一部分。第二个守门人是向这位消息来源者采访的记者，他必须决定把哪些部分写进他的新闻中，什么地方该轻描淡写，什么地方该特别强调。他把稿子交给报社编辑（在这之前可能还要经过采访主任），编辑要编这稿子，可能删掉一些，可能改变一些。幸运的话，这条新闻得以刊载在基辅一家报纸上（不过拼版时遇见了一个技术上的守门人，因为拼不下去而可能切去最后面一段），引起美联社驻在那里的记者的注意，他决定把它写成电讯，又得删一点，或者加一点解释，而且译成英文，拍到美联社驻莫斯科的分社。分社的编稿人如果决定采用，可能要把它缩短一点，或者考虑到俄国的新闻检查标准而改写。

老天保佑，通过了俄国的检查员，这则电讯到达了美联社纽约的总社，但是只有当总社的编辑感兴趣时，才会把它编入对国内或对国外发布的电讯中，并且免不了有所删改。过这关后，这条电讯在台北“中央社”电务部一大排电传打字机的一部中出现，也许由于第一句写得引人入胜，国外部主任用红笔画了一个圈，请一位编辑译成中文，但是批了个“可节译”。编辑人员不只是省略了他认为不重要的部分，而且由于电稿原稿因电讯上的故障，有些错字，弄得整段意义不明，他不敢乱猜，就干脆不译这一段。稿子送到编辑桌上，又要通过一二个守门人，然后被译成电码，从摩尔斯广播台传到基隆一家报馆。最后决定这件发生在基辅的新闻是否应该让基隆的读者知道的，是这家报社的国际新闻编辑，如果他认为基辅和基隆风马牛不相及的话，这条消息的最后归宿当然是废纸篓（编辑先生的废纸篓很大而且经常是很满的）。假如他觉得这条消息还不错，但版面实在有限（报纸的版面无时无刻不是有限的），他会删掉后面两三段，写个标题送到排字房。如果他坚持这条消息不能丢，排版的时候可能会被拼进去。第二天早晨报纸送到读者手中时，这条新闻才终于到达最后的目的地。

徐佳士的这段描述为麦克内利的把关模式提供了一个生动而详细的注脚。

●巴斯的“双重模式”

巴斯的所谓双重行动模式，是对麦克内利把关模式的修正与完善。巴斯认为，在麦克内利的模式中，每个把关人都处于等量齐观的地位，彼此平起平坐、不分主次，从一系列前后相连的把关环节中看不清哪道关口最重要、最有意义、最需引起注意。在巴斯看来，最关键的把关人对信息的大循环而言，起着牵一发而动全身的龙头作用，与新闻媒介相比，其他的把关因素都处于次要的地位。

巴斯经过分析，把新闻媒介的把关过程分为两个部分，所谓双重行动就是针对这两部分而言的。第一部分是新闻采集阶段，这里的把关人主要有记者。记者在采写新闻中不可能有闻必录，总得根据一定的标准对纷纭复杂的现实事件进行取舍与加工。可别小看记者的把关行为，事实上如今人们所感受到的绝大多数信息正是由记者挑选、提供的。第二部分的把关活动是新闻加工阶段，这里的把关人主要以编辑为代表。新闻媒介输出的所有信息，不论是新闻还是社论，不论是文字还是画面，不论是版面设计还是标题制作，都得经过这道重要关口，都得经过一番修剪。这第二部分的把关即新闻加工比第一部分的把关即新闻采集更具有决定性。如果说记者主要是决定人们在大千世界中看什么，那么编辑则决定人们怎样看。

巴斯的双重行动模式如图 7–3 所示：

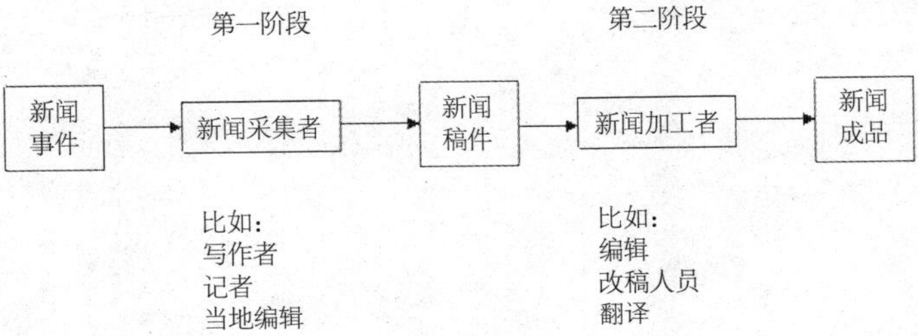

图 7-3 巴斯双重模式示意图

经过新闻媒介的双重把关之后，人造的一幅图景便基本完成了，而它同世界的真正面貌并不是一回事，也不完全一致。当人们以为自己通过报纸、杂志、广播、电视等看到了生活的现状及发展时，其实不过是看到了由记者与编辑经选择加工而给定的画面。

把关研究归根结底都是在用显微镜从微观的角度考察信息流通过程中的控制因素，衡量个人在传播活动中所处的地位、发挥的作用、产生的影响。

传播学十二讲

Communication Science

第八讲

乌合or固执，人民的选择
——受众分析

一、认识受众

作为现代人，我们对于受众一词并不陌生。当然从字面上也可以猜出它的大概意思：接受信息传播的群众。受众原指演讲的听众，引入传播学后，泛指报刊、书籍的读者，广播的听众，电影电视的观众。

1. 何谓乌合之众

很明显，受众是指接受信息的公众。但是在传播学研究中对受众的认识并不是一帆风顺，而是经历了一个不断精细化的过程。

受众在有些地方又被称作受传者、接受者、传播对象。一般来讲，受众多用于大众传播的场合，而很少用来指人际传播。当大众传播兴起之后，受众才开始出现及流行。

●乌合之众

正如前面所说，受众一词是在大众传播兴起之后才开始流行起来的。19 世纪末 20 世纪初是人类进入大众社会的一个分界点，过去那种传统社会结构、等级秩序和统一的价值体系被打破，社会成员失去了统一的行为参照系而变成了孤立的、分散的、均质的、原子式的存在，即所谓“大众（Mass）”。

大众社会的意义，原指“乌合之众”的社会。所谓乌合之众，是说生活在法理社会中的芸芸众生互不相干，他们之间不存在亲情的纽带，只有法律的关系，每个人都以完全独立的个人身份投身社会，因此，在心理上都陷入孤苦伶仃、无依无靠的状态中。有人把这种乌合之众称为“孤独的群体”。也就是说，在大众社会中，尽管有群体网络，但人们的内心深处却是彼此隔绝、十分孤独的——你在我身边，你的心却在千里之外。

1947 年，布卢默曾给大众一词做过四层描述。第一，大众分布广泛，差别很多；第二，大众是个不知名的群体，由不知名的芸芸众生组成；第三，大众互不往来，很少沟通，谁也不知道别人的存在；第四，他们独断独行，很难采取一致的行动。而所谓大众传播，最初正是指对乌合之众的传播。也就是说，在 20 世纪初的大众传播观念中，受众无非都是乌合之众。

●魔弹与靶子

早期的受众理论既然以乌合之众为基点把受众视为一盘散沙，彼此疏离，互不关联，那么，对付这种形单影只的传播对象，大众媒介自然不费吹灰之力，甚至有“横扫千军如卷席”之势。于是，就出现了所谓的魔弹论或靶子论。

在魔弹论或靶子论看来，媒介传播的内容就像射出的一发发威力强大的魔弹，而受众好比射击场上孤零零的靶子，任由媒介扫射，毫无抵御能力，只要被魔弹击中，便会应声而倒。换言之，媒介的信息只要被受众接收到，就会对他产生媒介所预期的效果。用施拉姆的话说，“情况就像在一个射击场上那样，只要对准靶子射击，靶子就会倒下”。

德弗勒把早期的受众理论概括为机械的刺激—反应论。刺激—反应原是行为科学的术语，指对某个对象施加一定的刺激，便会引起一种固定的、可以预见的反应。早期的传播研究正是把受众当成一个机械的反应体，只要媒介对他施加某种信息刺激，受众就会随之做出相应的反应。比如，媒介说吸烟有害，烟民听到后马上就会把烟戒掉。

魔弹论或靶子论的实质在于过分夸大大众传播的影响力，认为受众在这种非常强大的传播势头面前，除了束手就范别无其他选择。在 20 世纪的二三十年代，魔弹论被普遍遵奉。如今，魔弹论作为过时的理论已被抛弃。

2. 联合御敌的受众

早期那种认为受众中弹即倒的看法，很快便被后来的实证研究推翻。人们逐渐发现受众并不是一群各行其是的乌合之众，不是一排束手待毙的靶子。事实上，在受众之间存在着十分密切的社会联系，它就像一张无形的网络把受众联成一个牢固的整体。媒介发出的信息并不是直接射到受众身上，而是先经过一系列群体网络的缓冲与迟滞，等最后到达受众的接受领域时已成强弩之末，也就是说信息刺激已变得很微弱，不足以对受众本人产生多么大的影响。

根据德弗勒的概括，受众与媒介之间的缓冲体大致分属于三个方面。

●个人差异

在魔弹论看来，受众之间没有什么个性差异可言。只要信息的刺激相同，受众的反应就会相同，或者说不同的受众对同一传播内容有基本一致的反应。后来的研究则表明，人们之间的个性差异不容忽略，因为它使受众对同样的信息会产生不同的理解，也就是说同样的信息对不同的受众会产生不同的影响。在有些人看来大为感动的东西，在另一些人看来可能无动于衷。这里如果把媒介的信息看作一排平射出来的子弹，那么，由于受众的个头有高有低，身材有胖有瘦，于是，有的人可能中弹倒地，而有的人则可能安然无恙。

●社会类型

社会类型是个人差异的扩展。个人差异强调的是不同的个人对相同信息的不同反应，社会类型强调的是不同的群体对相同信息的不同反应。比如，拉什迪的小说《撒旦的诗篇》在伊斯兰教徒中引起极大愤慨，被当成亵渎真主的邪恶之作。为此，伊朗甚至悬赏几百万美元取作者的脑袋。不过，对非伊斯兰教徒来说，《撒旦的诗篇》只是一部小说而已，许多人可能都懒得翻一翻。

●社会关系

从社会关系的角度考察受众的突出代表，就是社会学家拉扎斯菲尔德从事的一系列传播研究。舆论领袖与两级传播的发现对揭示受众的群体关系网络及对受众的制约作用尤大。后来的许多研究者，如建立创新扩散理论的罗杰斯和休梅克，正是沿着拉扎斯菲尔德所开辟的思路，进一步深入开掘，从而使受众的社会关系更趋明朗。从他们的研究成果中能看到盘根错节的人际网络把受众结成一个牢固的整体，进则同进，退则同退，信息若想打动受众个人，首先得作用于受众群体，而影响群体显然要比影响个体困难得多。

总而言之，受众并不是以前所认为的那样只是一群毫无差异、联系松散的乌合之众，任凭大众媒介随意摆布，叫向东就不敢向西；相反，受众通过各种社会网络而组合成一个坚不可摧的联合阵线。他们手挽手、肩并肩，齐心协力、同仇敌忾，使媒介无法为所欲为，任意地影响别人。

二、集合行为——匪夷所思的受众传播机制

在报刊或者网络上，我们曾经看到，在禽流感流行时期板蓝根被疯抢。这个现象就是所谓的集合现象。集合行为多以群集、恐慌、流言、骚动的形态出现，往往会对正常的社会秩序造成干扰和破坏。更有意思的是这种现象中的信息传播机制。

1. 认识集合行为

集合现象是在特定情况下，一群人做出同一反应的一种社会现象。例如，火灾、地震后的群众骚乱；出于某种原因的自发集会、游行、种族冲突；物价上涨的流言引起的抢购风潮等。

从上面的解释可以看出，集合行为有这样两个特点：首先，集合行为完全是自发和无组织的；其次，集合行为是以群集的形式进行的，参加者个人之间、个人与全体之间存在互动关系。从集合行为的这两个特点，我们可以将其看作一种非常态的群体行为，把集合行为中的传播看作是非常态的群体传播。

集合行为虽然是一种自发的反常现象，但它的产生是有条件的。一般认为，集合现象的发生需要三个基本条件。

第一，结构性压力。例如，在自然灾害、经济萧条、失业、物价不稳、政治动荡、种族关系恶化等危机状况下，社会上普遍存在着不安心理和紧张情绪，这些结构性因素是集合行为发生的温床。

第二，触发性事件。集合行为一般都是由某些突发性事件或突然的信息引起的。例如，在人们普遍对经济萧条感到担忧的社会气氛中，一条“某某银行可能要倒闭”的流言便可能引起挤兑风潮。

第三，正常的社会传播系统功能减弱，非常态的传播机制活跃化。例如，人们不再相信报纸、电视等大众传媒的正式新闻报道，更倾向于相信来路不明的流言。

2. 集合行为的传播机制

集合行为的发生与信息传播有直接的关系，因此，信息传播贯穿于集合行为的始终，只不过它受到一些特殊传播机制的制约。说它特殊，主要指它与人类正常的、有理性的传播行为相比，更具有非理性的特点。

●群体暗示与群体感染

集合行为中的传播可以分为两个方面：一是信息本身的传播，二是与此相伴的情绪或感情的传播。这两种传播都摆脱不了暗示与感染机制的支配。

暗示指的是一种传播方式，即不是通过直接的说服或强制，而是通过间接的示意使人接受某种观点或从事某种行为。暗示在人际传播中也是常见的，而集合行为中的暗示则不同，它更接近于临床医学中的催眠暗示。也就是说集合行为的参加者通常处于昂奋、激动的精神状态，这种状态使他失去对周围的信息的分析批判能力，表现为一味地盲从。

群体感染是集合行为中与群体暗示相联系的另一种机制，它指的是某种观念、情绪或行为在暗示机制的作用下以异常的速度在人群中蔓延开来的过程。其传播的速度快，主要是由于在现场昂奋的氛围中，成员失去理性的自控能力，对来自外部的刺激表现出一种本能的反应。例如，一人大哭全场便跟着大哭；一人大笑全场跟着大笑等。

●群体模仿与匿名性

解释集合行为中的传播机制还有另一种理论——群体模仿。模仿是法国社会心理学家J.G. 塔尔德提出的。模仿分为无意识模仿和有意识模仿，前者是个人在不自觉状态下对他人行为的反射性仿效，而后者则是基于一定动机或目的的自觉仿效。人在社会化过程中的各种学习也可以说是一种自觉的模仿。

集合行为中的模仿更倾向于无意识的、条件反射性的模仿。这是因为在人们面临突然或灾难性事件时，用常规方法很难应付局面，反应一般基于本能进行，而最简单省力的反应莫过于直接模仿周围人的行为，于是便出现了条件反射式的相互模仿。

例如，在失火的公共场合，一个人向出口跑去，其他人都会蜂拥而上造成出口堵塞，由此带来的危险要大得多。

集合行为中这种非理性模仿的发生也可能是基于另一些原理。“匿名性”原理就是其中的一个。也许大家见过这样的现象：一群人一起翻过栏杆。经过调查发现，其中不少人是循规蹈矩的人，他们之所以做出了越轨行为，是因为集合行为使他淹没在人群中，没有人能够知道他的姓名和身份。没有社会约束力的“匿名”状态使他失去社会责任感和自我控制能力，在一种“法不责众”心理的支配下，做出种种宣泄原始本能的行为。

●集合行为中的信息流

在集合行为中，信息的流动也呈现出一种异常状态。在这里，要准确辨认出来信源和信宿是一件困难的事情，因为几乎每个人都是消息的发布者，同时也是消息的接收者。美国社会学家 H. 布鲁默认为，集合行为的初步形态是“循环反应”。所谓循环反应就是一方的刺激成为另一方的反应，而另一方的反应又反过来成为这一方的刺激。

流言是集合行为中主要的信息传播形式，是一种信源不明、无法得到确认的消息或言论，通常发生在社会环境具有较高的不确定性、正规的传播渠道不畅通的时期。

流言可分为非紧急事态下的流言和紧急事态下的流言。集合行为中的流言属于紧急事态下的流言。这种流言有几个特点。

第一，流言信息的快速增殖。常态下的流言（小道消息等）通常是通过私下的人际渠道传播的，其流传速度比较慢。而在集合状态下，流言的散布大多以“演讲”的形式进行，即一个人面对几个人、数十人乃至数百人进行传播，这就会使流言信息连同它携带的情绪飞快地弥漫到人群当中。

第二，流言信息的奇异回流现象。在集合行为中，人们不必为信息的准确性负责，每个人都可以根据自己的意愿对流言内容进行改造和变形。同时，人们也不必确认信息的来源，这就导致了一种奇特的回流现象：同一个流言在经过若干人的传递之后，又重新传回它的发布者那里，这时由于流言已经增添了许多新的内容，发布人也很难辨认它的原貌，于是，往往会把它作为新的信息加以接受。集合状态下的流言传播常伴随着这样一种恶性循环机制。

第三，流言中有大量的谣言。谣言不同于流

言。流言有自然发生的，也有人为制造的，但大多与一定的事实背景相联系；而谣言则是有意凭空捏造的消息或信息。在集合行为中，总会有一些别有用心的煽动者和利用者，利用人群的昂奋情绪和巨大能量来达到某些特定的目的。散布谣言是操纵人群的有效方法，因为在集合状态下，人们不再具备识别谣言的能力，谣言则能随着流言快速扩散，不断地把人群的行为引向极端，直至造成破坏性的后果。

从上面的分析可以看出，集合行为中的信息传播受到许多异常的、非合理的机制的制约，因此，才会出现如此匪夷所思的集合现象。

三、群体压力与从众

不知道大家有没有注意到这样一个现象，一些有经验的人在面对众人讲话时，会带头给自己鼓掌，下面的听众也就都跟着鼓起掌来了。这就是从众。这种表面上看来自然而然的事情，在内部并不是这样。

1. 为什么要从众

在群体内部往往会出现从众现象。那么，什么叫从众？为什么会出现从众行为呢？简单点说，从众就是随大流或遵从群体的意志。

在现实生活中，从众是一种非常普遍的现象。比如，赶时髦就是一种典型的从众现象。从理论上讲，从众是人的一种天性。既然人必须生活在一定的社会环境中，那他就不能不遵从群体的规范，不能不受群体压力的制约，久而久之便形成心理上的从众倾向。于是，做事前总不免想看看大家都怎么做。

从众的本质在于个体对群体压力的遵从或屈从。在群体内部，传播活动经常是在“一对多”“多对一”的场合下进行的。在这种情况下，无论是传播者还是受传者都会感受到某种程度的群体压力。所谓群体压力，即群体中的多数意见对成员中的个人意见或少数意见所产生的压力。在面临群体压力的情况下，个人和少数意见一般会对多数意见采取服从态度。那么，个体为什么要遵从群体的压力呢？人的社会性固然决定了人的从众性，但从众的直接原因有两个方面：一是担心遭到来自群体的惩罚，二是想得到正确行事的指导。

所谓来自群体的惩罚，并非是指罚你多少钱，或罚你干什么活。它主要是指那种排除异己式的冷落、拒斥、厌弃。人们遵从群体的压力，原因就在于从众可以得到群体的接纳与赞赏，而一意孤行总难免被当作怪人而受到群体的排斥。有一项社会心理学的实验能说明这个问题。这项实验是请一组互不相识的人，从他们中间选出一名代表去参加一个活动。活动的内容是回答主持人的问题，如果回答得不正确，参加者就将受到一次电击。这种痛苦的活动自然谁都不愿去。在选派这名代表之前，研究人员先告诉小组成员有一个人一向不大合群，总爱我行我素。最后的实验结果不出研究人员所料，那位所谓不合群的被试者被大家一致推选去参加那项吃力不讨好的活动。这项实验表明，不从众者会受到群体的惩罚。

从众的另外一个直接原因就是想得到正确行事的指导。个体多认为多数人的选择正确的可能性更大。比如，你在商店里看中两件款式都很合意的服装，拿不定主意究竟买哪一件，这时如果你发现其他顾客都要那一件而不要这一件，那么你的选择八成会与公众的相一致。

2. 有趣的从众研究

当然，从众并不是总能得到正确的结果。“个人服从集体、少数服从多数”是群体活动的一个基本原则。它不仅是群体保持协调统一的前提，也是人的社会合作性的体现。然而，对多数意见的服从并不是在任何情况下都是基于理性判断的。在不少场合，群体压力也会带来错误的判断，形成对多数意见的盲目服从。阿西的从众研究实验就说明了这一点。

阿西是美国社会心理学家，他以研究群体压力与从众问题而著称。

1955 年，阿西曾进行过一项十分有名的实验，这个实验很简单，他准备了甲乙两种卡片，卡片甲画有 1 条标准线段，卡片乙画有 3 条线段（其中 1 条与标准线段长度相等）。实验内容是要求实验参加者指出卡片乙中的哪条线段与标准线段等长。阿西请一位实验对象同他的四位助手一同回答这个并不难判断的问题，不过这位实验对象事先并不知道与他共同回答问题的那四个人都是阿西的助手，而那四个人在实验中又都故意并且一致地做出错误的判断。实验的结果是：在 123 个被验人中，有 76% 的人在多数意见的影响下至少做了 1 次错误选择，而全部答案的错误率为 36.8%。同样的一个问题，在没有其他人参与，也就是没有群体压力个人独立判断情况下，判断结果是：参加实验的 37 个人中有 35 人选择全部正确，只有 2 人发生了1至 2 次的错误，其错误率仅有 0.7%。

为什么会出现这种情况？一般认为其原因有两个：一是信息压力，二是从众心理。所谓信息压力，指的是一般人在通常情况下会认为多数人提供的信息正确性的概率要大于少数人。基于这种信念，个人对多数意见会持较信任的态度。从众心理，也叫作遵从性，指的是个人希望与群体中多数意见保持一致，避免因孤立而遭受群体制裁的心理。在很多情况下，个人被迫接受多数意见，正是出于这种担忧。

从这个实验可以看出，造成实验对象判断失误的原因来自群体的压力，这种压力一旦消失，实验对象的从众心理便大为减弱。总之，阿西的研究有力地证明：人们宁愿追随群体的意见而不大相信自己的判断，即便群体的意见荒谬透顶。

四、使用与满足——一种受众行为理论

在当今社会，我们大多数人会接触媒介。是什么促使我们去接触媒体的呢？使用与满足理论给出了答案。顾名思义，所谓的使用与满足，是指受众使用媒介以满足自己的需求。这一研究把受众成员看成是有着特定“需求”的个人，把他们的媒介接触活动归于特定的需求动机。

“使用与满足”研究起源于20世纪40年代。当时，美国家庭的收音机普及率已经达到80％以上。许多人认为广播媒介为众多不识字者提供了学习知识和接受教育的手段，它的普及必然会大大提高整个社会的文化教育水平。然而，初期的一些调查数据却显示，那些以启蒙、教育和修养为目的的“好”节目没有很多听众，而“格调低俗”的轻喜剧、肥皂剧以及猜谜游戏等娱乐节目的收听率却高得出奇。这种现象使一些学者对受众的媒介接触行为及其背后的心理动机产生了浓厚的研究兴趣。但是，研究没过多久就中断了。下面是李金铨的一段话。

其实，在20世纪40年代传播研究刚刚萌芽之初，有些学者假定受众是主动的，故而专门研究受众如何使用媒介，动机为何。例如，贝雷尔森（Berelson，1949）趁纽约八家报纸工人罢工，调查读者无报可读的心理，从而推论他们平时看报是为了什么。类似的研究都是站在受众的立场的，而不像效果研究只站在传播者的观点。可惜，后来是“效果”研究一枝独秀，“使用”研究反而一蹶不振，中断了数十年。直到鲍尔的这一篇文章问世，又间接替“媒介的使用”研究接了生。70年代初以来，在英国、美国、日本、北欧、以色列，有一大群学者感于“效果”研究早已陷入僵局，纷纷采用另一种态度，从相反的一端问受众如何使用媒介，动机为何，统称为“使用与满足”的研究。

那么，使用与满足到底是什么意思呢？施拉姆有个比喻，对此给予了形象而准确的概括：受众参与传播犹如在自助餐厅就餐，每个人都根据个人的口味及当天的食欲来挑选某些品种、数量的食物，而自助餐厅供应的大量的、五花八门的饭菜就相当于媒介提供的林林总总的讯息。这个比喻说明，在传播活动中受众是主角，他使用媒介以满足自己的特定需要，正像人们使用自助餐厅以满足自己的口腹之欲；而媒介只是为受众服务，同餐厅一样只是提供可口的饭菜，至于受众吃什么、吃多少，媒介则无能为力，也就是说媒介无法强求受众接受自己所传播的讯息。从这个比喻中不难明白，信息不是强行加诸受众，而是由受众自行选择、自行处理。用施拉姆的话来说，信息是放在受众爱怎么处理就怎么处理的地方。

所谓使用与满足论乃是从受众方面看待传播活动的新兴理论。它特别强调受众的作用，突出受众的地位，认为受众通过对媒介的积极使用从而实际上制约着整个传播过程，而受众使用媒介都是基于自己的需求，都是为了满足自己的愿望。这就是使用与满足论的基本意思。

使用与满足论并没有什么深奥的地方。作为受众，每个人在日常生活中都会对所谓的使用与满足有切身体会。一张报纸到手，谁都会拣自己感兴趣的东西先看，而且一个人有一个人的看法，正像每人都有自己的饮食习惯一样。听广播、看电视电影以及翻阅图书杂志也如此。这个节目对味就多听一会儿，那个片子没意思就换个频道，就像在自助餐厅里换道菜一样。总之，受众与媒介是使用与被使用的关系，使用得顺手，令人感到满意，那就继续使用，否则就中止使用。这里谁是传播的真正主人，不说也很清楚。

使用与满足论的代表人物有卡茨、G. 布卢姆勒、E. 罗森格伦、D. 麦奎尔等。与此相似的还有信息寻求论，它也是从受众的立场看待传播问题的。

传播学十二讲
Communication Science

第九讲

说服的艺术，态度的改变

——传播效果分析

一、传播效果

我们在平时可能会遇到这样的情况：一件事情本来是发短信沟通的，说着说着怕说不清楚就直接打电话了，电话打着打着感觉还是说不清楚就直接面对面地谈了。这个不断变换沟通方式的过程其实是一个考虑了传播效果的过程。传播效果问题是与传播实践结合最密切的研究领域，不仅是传播学研究的出发点，而且是将这门学问有机贯穿起来的一条主线。

1. 什么是传播效果

效果是人的行为产生的有效结果。这里的“有效结果”一词，狭义上指的是行为者的某种行为实现其意图或目标的程度；广义上则指这一行为所引起的客观结果，包括对他人和周围社会实际发生作用的一切影响和后果。因此，在传播学研究领域，传播效果这个概念也具有双重含义。

第一，它指带有说服动机的传播行为在受传者身上引起的心理、态度和行为的变化。说服性传播，指的是通过劝说或宣传使受传者接受某种观点或从事某种行为的传播活动，这里的传播效果，通常意味着传播活动在多大程度上实现了传播者的意图或目的。

第二，它指传播活动尤其是报刊、广播、电视等大众传播媒介的活动对受传者和社会所产生的一切影响和结果的总体，不管这些影响是有意的还是无意的、直接的还是间接的、显在的还是潜在的。这一层要强调的是，不管传播者有没有主观意图，他们所从事的传播活动总会伴随着各种各样的结果。父母的言行有的是有意教育孩子的，有的则无意中给孩子以这样那样的影响。

传播效果的概念的上述含义，构成了这项研究既相互联系又相互区别的两个重要方面：一是对效果产生的微观过程分析，二是对它的综合、宏观过程的考察。前者主要研究具体传播过程的具体效果，后者主要研究综合的传播过程所带来的综合效果。在大众传播效果研究中，尤以大众传媒的活动对社会的运行、变化和发展所产生的宏观效果为主要考察对象。

2. 传播效果的三个层面

效果又可以分为不同层面。根据学者们大体一致的看法，传播效果依其发生的逻辑顺序或表现阶段可以分为三个层面：一、外部信息作用于人们的知觉和记忆系统，引起人们知识量的增加和知识构成的变化，属于认知层面上的效果；二、作用于人们的观念或价值体系而引起情绪或感情的变化，属于心理和态度层面上的效果；三、这些变化通过人们的言行表现出来，即成为行动层面上的效果。从认知到态度再到行动，是一个效果的累积、深化和扩大的过程。

上述三个层面既体现在具体的、微观的传播过程中，也体现在综合的、宏观的社会传播过程中。以报刊、广播、电视为代表的大众传播的社会效果有三个层面。

第一，环境认知效果。在现代社会，我们对周围世界的知觉与印象在很大程度上依赖于大众传播媒介。大众传媒以传递信息、报道事实、提示社会上发生的事件为己任，但它们并不是有闻必录。传媒报道什么、不报道什么、从什么角度进行报道，都在影响着我们对周围环境的知觉与印象。这种效果，传播学中也称“视野制约效果”，换句话说，大众传播制约着我们观察社会和世界的视野。

第二，价值形成与维护效果。大众传媒在报道的新闻和传达的信息中，通常包含着是与非、善与恶、美与丑、进步与落后的价值判断。大众传媒提倡什么、反对什么，客观上起着形成与维护社会规范和价值体系的作用。这种作用是通过传媒的舆论导向功能发挥出来的。它可以通过舆论引导形成新的规范和价值，又可以通过舆论监督来维护既有的规范和价值。

第三，社会行为示范效果。大众传媒的影响并不仅仅表现在认知和价值取向的领域，还通过向社会提示具体的行为范例来直接或间接地影响人们的行动。我们在前面已经讲到，大众传播具有“地位赋予”功能，一种行为如果得到传媒的广泛报道和传播，往往会成为一般人学习或仿效的对象。只要我们观察一下现代社会中的流行现象与大众传播之间的关系，这一点是不难理解的。

无论是社会主义还是资本主义制度下的大众传媒，都具有上述三个层面的社会效果。不过，由于制度基础不同，两者向人们揭示的世界、倡导的价值和行为模式的内容有本质区别。

二、传播主体与传播效果

大众传播效果的形成受到多种因素的制约，但在这一过程中居于最优越地位的无疑是作为传播主体的传播者。传播者不但掌握着传播工具和手段，而且决定着信息内容的取舍，作为传播过程的控制者发挥着主动的作用。尽管如此，传播者本身的某些特点仍然会对传播效果产生重要的影响。

1. 信源的可信性及休眠效果

传播者决定着信息的内容，但从宣传或说服的角度而言，即便是同一内容的信息，如果出于不同的传播者，人们对它的接受程度是不一样的。这是因为人们首先要根据传播者本身的可信性对信息的真伪和价值做出判断。可信性包含两个要素，第一是传播者的信誉，包括是否诚实、客观、公正等品格条件；第二是专业权威性，即传播者对特定问题是否具有发言权和发言资格。这两者构成了可信性的基础。

●信源的可信性

对信源（传播者）的可信性与传播效果的关系进行了实证考察的是霍夫兰。1951年，他和韦斯选择四项主题——抗组胺药品无医生处方能否畅销、美国近期建造实战型核动力潜艇的可能性、钢铁供应不足的责任、电视的普及是否会导致电影院的减少——写成说服性文章，分别冠以可信度高和低的两种信源名称，将它们提示给两组实验对象。实验的目的是在内容完全相同的条件下测试可信度高低对传播效果的影响。实验结果是除“电视普及对电影院的冲击”一项外，其他三项都明确显示出高可信度信源的说服效果远远好于低可信度信源。

1953年，霍夫兰与凯尔曼又以“如何对待失足少年”为题进行了另一次实验。他们将实验对象分成三组，分别向他们播放可信度高的信源（一位有声望的法官）、可信度中等的信源（在场者中的一位）、可信度低的信源（少年时代有犯罪经历，近期因贩毒入狱刚获保释的一个男性）的谈话录音。这次实验的结果进一步证明了信源可信性与传播效果之间的密切关系。

根据这些实证研究的结果，霍夫兰等人提出了“可信性效果”的概念：一般来说，信源的可信度越高，其说服效果越好；可信度越低，说服效果越差。“可信性效果”的概念说明，对传播者来说，树立良好的形象争取受众的信任是改进传播效果的前提条件。

从传播来源方面可以区分出三种变量，即传播来源的可信度、知名度和动机。这三者都对劝服的效果起制约作用。换言之，传播者正确把握这三种变量，就能使受众的态度朝预期方向发展而较少阻碍。

● “休眠效果”

由可信性带来的说服效果并不是一成不变的。霍夫兰等人在上述两次实验中都发现，随着时间的推移，高可信度信源的说服效果会衰减，而低可信度信源的说服效果则有上升的趋势。为什么会出现这种情况？一种较有力的解释是人脑的忘却机制在起作用。人脑对信息的记忆量随时间推移逐渐减少，而忘却是从信息的次要属性开始的。也就是说，由高可信度信源发出的信息，由于人们对信源的信任，其说服效果最初可能会好于信息内容本身的说服力，而低可信度信源发出的信息，由于人们对信源怀有不信任感，其说服效果最初可能会差于内容本身的说服力。随着时间的推移，人们对信源与内容联系的记忆逐渐淡漠下去，由信源居主导地位的可信性效果趋于减弱或消失，内容本身的说服力才能较完全地发挥出来。

低可信度信源发出的信息，由于信源可信性的负影响，其内容本身的说服力不能得以马上发挥，处于一种“睡眠”状态，经过一段时间，可信性的负影响减弱或消失以后，其效果才能充分表现出来。这种现象，霍夫兰等人称为“休眠效果”。尽管“休眠效果”尚有待于进一步研究和证实，但它说明了一个重要道理，即信源的可信性对信息的短期效果具有极为重要的影响，但从长期效果来说，最终起决定作用的是内容本身的说服力。

2. 信源的知名度

耶鲁学派的研究证实，传播来源的知名度与传播来源的可信度一样，都同传播效果成正比。传播者的知名度与其可信度往往合为一体，可以统称为“威信”——威是知名度，信是可信度。传播者的威信越高，劝服的力量就越大，效果自然也就越佳。

在这方面的研究中，社会心理学家E.阿伦森所参与的两项实验比耶鲁研究的有关实验提供了更多有趣和更有说服力的论据。

第一项实验是请一群女大学生读几首现代诗人的诗作，再请她们自由地发表评论。当她们认为某一首诗写得不好时，研究人员就告诉她们有人觉得这首诗相当不错。不过，他们会说做出这种高度评价的是著名的现代派诗人、获得诺贝尔文学奖的T.S. 艾略特，而对另一部分女生说它是出自一位名不见经传的女大学生之手。这时，再让所有参加实验的女生重新评估一下那首刚才她们都认为写得不好的诗，结果不出所料，一些实验对象改变了原来的看法。在改变者当中，受艾略特影响的人远多于受那位无名女生影响的人。

第二项实验是请两组六年级小学生听同一个人做的同一个演讲，内容是讲学习算术的用途及重要性。不过，对第一组学生介绍说演讲者是一个从名牌大学毕业的工程师，而对第二组学生介绍说他是一位在饭馆洗碗碟的工人。实验结果显示，在影响学生对算术的态度上，所谓工程师远比所谓洗碗工的劝导更为见效。

这两项实验都从科学上证实了人们从常识中得到的结论，即威望高的传播者比威望低的传播者更能左右人们的认识，换言之，知名度高的传播来源比知名度低的传播来源更具有劝服的优势。

广告商之所以用名人做广告，道理正在于此。不过，是不是名人的现身说法都能奏效？不一定。请一位著名的舞蹈明星为一种与他毫不相干的推土机做广告，人们就会怀疑他说的话。这里就涉及传播来源的动机问题。

3. 信源的动机

传播者的动机如果是为他个人的利益，那么，他的劝服功效就将大打折扣。人们看到舞蹈演员为同他风马牛不相及的推土机做广告，就会怀疑他是捞取广告费，从而也就对他的"美言"不予置理。

为检验传播来源的动机与传播活动的效果这二者的关系，E. 阿伦森等人也曾做过一项实验。他们请一批挑选出来的实验对象看一份剪报，上面是一篇虚构的报道，说的是记者对一名罪大恶极的惯犯所进行的采访。在一种实验条件下，罪犯争辩说法律应该更宽大一些，判刑应该更和缓一些；而在另一种实验条件下，罪犯认为现行的司法体制过于软弱，对犯罪活动打击不力，主张设立更严苛的法庭，执行更严厉的判决。实验结果显示，在前一种情况下即当罪犯主张法庭对罪犯应更加宽容时，他的话对实验对象完全无效；但在后一种情况下即当他要求更严厉地制裁罪犯时，他的话便特别奏效，因为这时他的主张同他的自身利益完全相反，也就是说他在这么讲的时候没有个人的动机。

这项实验证明，当传播者的动机同他本人的利益相反时，他的劝服力量最大。在这种情况下，即便传播者的威信不高，也能导致人们对某事物的态度发生改变。阿伦森说："假如一个人说服别人而自己得不到什么好处（甚至会失去什么），人们就会信任他，他也会因此而更有影响力。"其实这是不言而喻的。男人主张妇女解放显然比女人鼓吹同一观点更有说服力。运动员说"生命在于静止"肯定比打坐的和尚说更能让人信服。

由此可见，传播来源的可信度高固然有利于提高劝服效果，但睡眠者效应又抵消了这种优势，另外，传播来源的知名度高也有助于导致态度改变，但传播者的动机同个人利益过于相关则又会削弱知名度高所造成的优势。总之，问题不像想象的那么简单，不是威信越高就越能使人信服。

三、传播技巧与传播效果

传播技巧指的是在说服性传播活动中为有效地达到预期目的而采用的策略方法。比如一篇文章是由主题、观点、材料、论证等要素构成的，在主题和观点一定的情况下，如何安排材料、进行论证、提示结论，就成了制约内容说服力的重要变量。

1. 一面之词 or 两面之词

对某些存在对立因素的问题进行说服或宣传之际，通常会有两种做法。一种是仅向说服的对象提示自己的观点或于己有利的判断材料，称为“一面提示”；另一种是在提示己方观点或有利材料的同时，也以某种方式提示另一方的观点或不利于自己的材料，称为“两面提示”，两种方法各有利弊。

●一面提示

一般来说，“一面提示”能够对己方观点做集中阐述，论旨明快，简洁易懂，但同时也会给人一种“咄咄逼人”的印象，使说服对象产生心理抵抗。另一方面，“两面提示”由于给对立观点以发言机会，给人一种“公平”感，可以消除说服对象的心理反感，但由于同时提示对立双方的观点，论旨变得比较复杂，理解的难度增加，在提示对方观点之际如果把握不好分寸，反而容易造成为对方做宣传的结果。

在“二战”后期，霍夫兰等人曾以“美国对日本的战争还要持续多久”为题，对这两种方法的有效性进行过实验比较。他们针对当时德国投降后美军士兵中广泛存在的“速胜”心理制作了宣传广播稿，试图通过说服活动来教育士兵确立持久战的信念。霍夫兰等将600名士兵平均分成三组，第一组为“一面提示”群，即在广播稿中只提示对日作战的困难性，如强调日军的规模和顽强的战斗力、日本民族的凝聚力等；第二组是“两面提示”群，在提示不利条件的同时也提示有利条件，如德国投降后日本已陷入孤立等，但结论同样是要完全打败日本尚需“持久作战”；第三组是一个控制群，不给予任何内容提示，目的是观察他们在自然条件下的态度变化，并与前两组进行比较。实验结果如下。

第一，从测验结果的单纯比较而言，无论“一面提示”还是“两面提示”都取得了良好的说服效果，赞同“对日作战尚需持续一年以上”的人分别由37%和38%增加到了59%，而控制群的态度却基本没有变化。这个结果说明，进行了宣传和没有进行宣传，其结果是大不一样的。但从“一面提示”和“两面提示”的效果大小比较而言，两者在总体上并无明显差异。

第二，尽管单纯比较没有发现两者的差异，但进一步的数据分析却表明，两种方法的有效性依传播对象的属性不同而有明显的区别。具体表现在：一、从与人们的原有态度的关系来看，对原来就持赞成态度的人来说，“一面提示”的说服效果明显大于“两面提示”；而对原来持反对态度的人来说，“两面提示”的效果明显大于“一面提示”。二、从与文化水平的关系来说，“一面提示”对文化水平低者说服效果较佳，而“两面提示”对文化水平高者效果较佳。

结果表明，无论是“一面提示”还是“两面提示”，效果的大小强弱在很大程度上取决于对象的性质，离开具体对象泛论两者的优劣是没有意义的。

●“两面提示”的“免疫”效果

对“一面提示”和“两面提示”的说服效果进行过比较考察的还有拉姆斯丁和贾尼斯。他们在1953年进行的实验与霍夫兰的相似，不同的是增加了“反宣传”测验（使实验对象接触对立观点的宣传），目的是比较两种提示法的说服效果的持续性和稳定性。这次实验的结果证明，尽管从单纯比较来看，两者的效果并无优劣强弱之分，在“反宣传”的抵抗力上二者却有极大区别。也就是说，在接触到“反宣传”后，原先接受“一面提示”实验的人几乎都受到了相反观点的影响，而那些接受“两面提示”实验的人的态度却没有发生明显的变化。

根据实验的结果，拉姆斯丁等人认为，“两面提示”由于包含着对相反观点的“说明”，这种“说明”就像事先接种牛痘疫苗一样，能够使人在以后遇到对立观点的宣传时具有较强的抵抗力。“两面提示”的这种效果，被称为“免疫效果”或“接种效果”。对“免疫效果”进行过系统研究的还有W. 麦圭尔。麦圭尔认为，人们有许多没有经过考验的信念，这些信念在遇到对立观念的挑战时往往是脆弱的，就像在无菌环境里成长的人体容易感染细菌一样。在医学领域，增强人体抵抗力的方法有两种，一种是滋补法，如注意饮食营养、锻炼、休息等；另一种是“接种法”，即事先让人接触弱性细菌而逐渐增强其免疫力。这两种方法同样能够成功地运用于思想教育领域。

2. 明说还是暗示

说服性文章构成法的另一问题，是应不应该在文章中做出明确的结论。这是一个古老的问题，在古希腊修辞学中就已经开始探讨。

一般来说，明示结论使读者易于理解作者的意图和立场，但同时也容易使文章显得比较生硬而引起反感。另一方面，文中不作明确结论，而仅仅提供引导性的判断材料，把观点寓于材料之中，则给读者一种“结论得自于自己”的感觉，使他们在不知不觉中接受作者观点的影响。然而，这种方法容易使文章主旨变得隐晦、模糊，增加理解的困难性。

1952 年，霍夫兰和曼德尔就“明示结论”与“不明示结论”的效果做了一次简单的比较实验。实验以“美国是否应该实行货币贬值政策”为论题，将实验对象（大学生）分为两组，分别向他们播放演讲录音。讲演的主旨都是主张“美国应实行货币贬值政策”，但对第一组明确提示了结论，而对第二组则只是提供判断材料，不给予结论。实验结果是，在给予明确结论的一组中，“纯说服效果”（态度向赞同方向变化的比例减去向反对方向变化的比例）达48%，而在未给予明确结论一组中，“纯效果”只有19%。前者的效果大大好于后者。

然而，这次实验的结果并不能证实“明示结论”的效果通常好于“不明示结论”，因为，各种论题的复杂程度不同，理解难度不同，不同文化层次的人理解能力也不同。根据众多研究的成果，我们可以得出以下几条一般结论：

一、在论题和论旨比较复杂的场合，明示结论比不下结论效果要好；

二、在说服对象的文化水平和理解能力较低的场合，应该明示结论；

三、让说服对象自己得出结论的方法，适用于论题简单、论旨明确或对象文化水平较高、有能力充分理解论旨的场合，因为在这种场合，如果再明确提示结论则有画蛇添足之嫌，容易引起对象的烦躁或反感而对说服效果产生负面影响。

3. 以理服人还是以情动人

在开展说服性传播活动之际，以什么方式“打动”对象也是影响传播效果的重要因素。人们通常有两种做法：一种是通过冷静地摆事实、讲道理，运用理性或逻辑的力量来达到说服的目的；另一种主要是通过营造某种气氛或使用感情色彩强烈的言辞来感染对方，以谋求特定的效果。在宣传战史上，也有人对这两种方法的有效性做过比较。

1936 年，精神分析学家 H. 哈特曼等人利用德国议会选举的机会进行了一次实验。哈特曼设计了两种号召选民支持社会党的宣传小册子，一种采取“诉诸理性”的方法，内容以介绍社会党的纲领政策为主，试图以政策的合理性来说服选民；另一种采用“诉诸感情”的方法，强调如果社会党败北会“给德国带来可怕的危机”，试图用一种“赴国难”的气氛来感染选民。实验以向居民散发小册子的方式在三个选区进行（其中一个区为对照区，未散发任何小册子）。最后的选举结果是，在散发了“诉诸感情”小册子的选区社会党选票增长率最高，散发了“诉诸理性”小册子的选区增长率居中，而在未散发小册子的选区增长率最低。

类似的研究还有美国在“二战”期间关于“战时超额利税”宣传的一项调查。同哈特曼一样，调查人员设计了“诉诸理性”和“诉诸感情”两种宣传品分发到调查对象手中，翌日再登门面访征求人们对实施该税的意见。这次实验的结果也是“诉诸感情”的效果好于“诉诸理性”。

尽管如此，学者们对哪种方法更为有效仍没有一致的结论。其原因是，两种方法的有效性因人、因事、因时而异，有些问题只能靠“诉诸理性”的方法来解决（如科学上的争论靠感情说服不了对方），有些问题采取“诉诸感情”的方法可能更有效（例如在紧急情况下，“振臂一呼”较之于慢节奏的说理有效得多）；而在日常的思想教育活动中，将两者结合起来的“动之以情、晓之以理”的方法则能收到好的效果。

4. 先说还是后说

根据一般的心理规律，人们对事情的开头与结尾往往印象较深。比如，一个普通的讲话人们记得最牢的总是第一句话和最后一句话。再如，一篇故事的起因和结局总是令人难忘，而它的过程就不是记得那么清楚了。心理学家把这种现象称为首因效应与近因效应。首因效应指对开头的记忆较牢，近因效应指对结尾的印象较深。

当传播者需要摆出正反两面之词时，应该侧重首因效应还是应该创造近因效应呢？换句话说，他的正面观点究竟是一开始就摆出来好，还是等到最后再说好？包括耶鲁研究在内的众多研究对此提出了种种见解，总的看法都是不能单纯地断定先说占便宜，或后说更有利。答案并不那么简单。

那么，有哪些因素最值得重视呢？概括地讲，与先说后说这一问题有关的因素涉及学习和记忆两个方面。众所周知，在学习上总是先手为主，新鲜感总是一开始表现得最强烈，而随着时间的推移，学习的兴趣、精力以及心理注意都会逐渐衰减。所以，首因效应在学习上占优势。但是，在记忆上近因效应则表现得很明显，也就是说时间上离得最近的东西记得最牢，刚刚发生的事情显然比去年的事情印象深刻。

由此看来，放在前面的观点容易引起注意，而放在后面的观点容易得到记忆。施拉姆说："首先提出的论点在引起注意上是有利的；而最后提出的论点在被记住上是有利的。"如果目的在于让人了解自己的观点，那么先说为好；如果想让人记住它，那么后说为佳。新闻写作中有所谓金字塔结构与倒金字塔结构。倒金字塔结构是把最重要的情况放在新闻的开头，金字塔结构则是把最重要的情况放在结尾。前者是为了造成首因效应，后者则是为了造成近因效应。也就是说倒金字塔结构有利于唤起人们的注意，金字塔结构有利于加深人们的印象。

这只是基本原则，在具体实践中还需根据情况灵活运用，切忌胶柱鼓瑟。比如，同样是竞选演说，如果你与对手的发言是安排在同一时刻，那么你先说自然占便宜；而如果一个演说定在今天，另一个定在明天正式投票之前，那么先说可就变成了吃亏的买卖。

四、传播效果与态度改变

态度改变是传播学的效果分析所感兴趣的，因为传播效果最终都显示为受众态度的变化。如果受众接受传播之后态度丝毫没有发生变化，那么传播的效果就无从谈起。

1. 海德的平衡论

海德是一个心理学家，也是最早致力于一致论的心理学家。1958 年，他提出了改变态度的“平衡理论”，又被称为“P-O-X 理论”，P 代表认知主体，O为与P发生联系的另一个人；X则为P与O发生联系的另一个任意对象。

海德曾经用一个模式表示“P-O-X理论”，如图9-1所示。

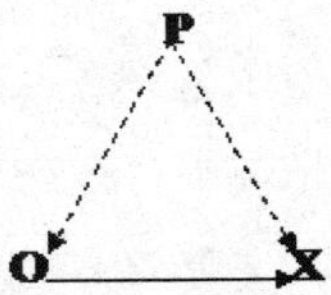

图9-1　海德平衡论示意图

海德平衡模式由P、O、X三个要素组成，其中P和O代表两个人，X代表两人共同关心的事物，它可以是一个人，可以是一件事，也可以是一样东西。箭头代表着肯定的态度，比如丈夫P喜欢妻子O，而他们夫妻又都喜欢孩子X。海德认为这种关系是平衡的。除此之外，还有如图10-2所示的三种平衡状态：

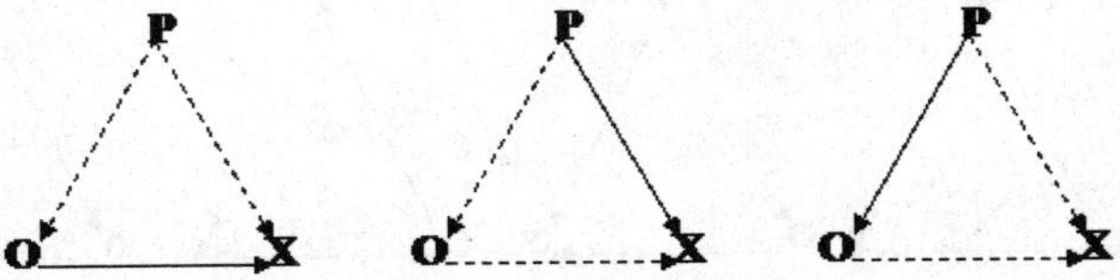

图9-2　海德其他平衡状态示意图

在上图中的虚线表示否定的态度。举例来说，在第一个模式中，丈夫P不喜欢妻子O，也不喜欢孩子X，而妻子却喜欢孩子；在第二个模式中，丈夫P不喜欢妻子O，喜欢孩子X，而妻子却不喜欢孩子X；在第三个模式中，丈夫P喜欢妻子O，他俩又都不喜欢孩子X。这三种状态在海德看来都是平衡的，也就是说不存在态度改变的问题。拿最后一个模式为例，夫妻双方关系很好，他们都不喜欢孩子，在这个问题上态度一致，因而夫妻双方都不需要改变看法；假如他们一方喜欢孩子，另一方不喜欢孩子，那么平衡状态就打破了，这时要恢复平衡就需要调整认识，或者一方由喜欢孩子变成不喜欢孩子，或者另一方由不喜欢变成喜欢。总之，按照海德的平衡论，P、O、X三者的关系如果都是肯定的，或者两种否定一种肯定，则为平衡状态。

如果三者的关系都是否定的，或者两种肯定一种否定，则为不平衡状态。不平衡状态也有四种：

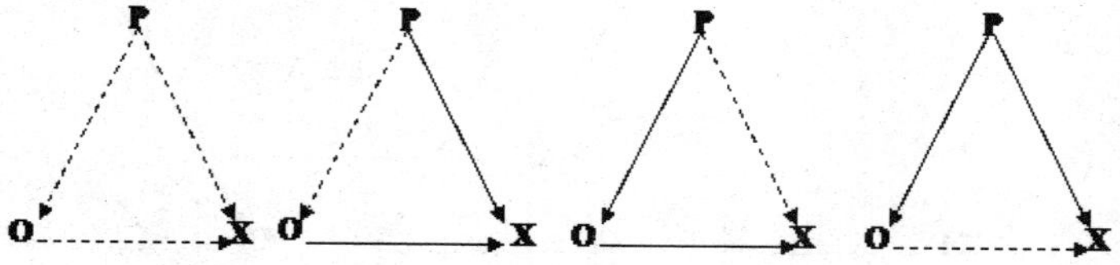

图9-3 四种不平衡状态示意图

海德认为，不平衡状态会使人感到心理紧张，由此而产生力求恢复平衡状态的倾向，这样一来便会导致态度发生变化。以第二个模式为例，丈夫P与妻子O关系不和（虚线显示），可他们都想要孩子，这就是一种不平衡状态，它使丈夫和妻子都觉得不舒服。为了从不平衡恢复到平衡，要么丈夫与妻子和好（就像平衡状态的第一个模式所显示的那样），要么丈夫与妻子有一方改变对要孩子的态度（就像平衡状态的第二个和第三个模式所显示的那样）。总之，不平衡状态会给人造成心理紧张，而这种紧张“只有在情况起了变化因而使平衡得以建立后才会消除”（海德）。

海德的平衡论引起了传播学者的极大兴趣，因为它暗示着一种态度改变方面的新思路：不平衡状态在向平衡状态转化时，总伴有某一方的态度改变；而平衡状态由于稳定不变，则能抗拒任何形式的态度变化。

2. 奥斯古德和塔南鲍姆的和谐论

和谐论是从平衡论中发展出来的。如果平衡论概括的是普遍现象，那么和谐论所关心的只是其中的一种特殊情形。平衡论讲的是人际网络中的两方与第三者的关系，和谐论讲的则是受众与信源双方同事件的关系。这种关系也分为和谐与不和谐，而和谐与不和谐也都各有四种情况，比如下面就是两种和谐的情况：

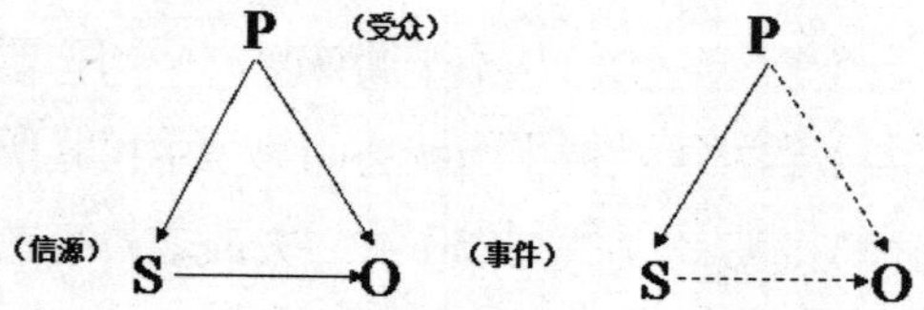

图 9-4　两种和谐情况示意图

这两种和谐情况用奥斯古德和塔南鲍姆的话来解释，就是“我们所喜欢的信息源应该总是提倡我们所喜欢的主张并谴责我们所反对的主张”。如果受众喜欢的信源对某事的态度同受众相抵触，那么就会出现不和谐，如下图。

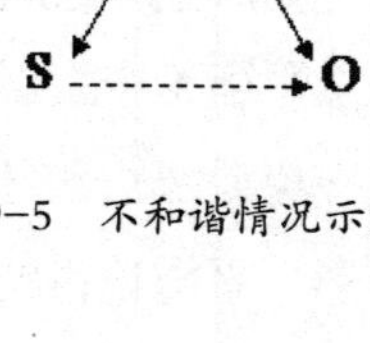

图 9-5　不和谐情况示意图

奥斯古德与塔南鲍姆对传播研究的贡献不仅在于继海德的平衡论之后提出另一种新的一致论学说——和谐论，更在于他们所发明的一种用于对态度进行定量化测定的“语义差异量表”。它是五种测量态度的主要量表之一，其最大优点是构造比较容易。它由一系列正反相对的修饰语组成，比如好与坏、喜欢与厌恶、进步与落后、赞成与反对、愿意与反感等。在这两个极端的修饰语之间，再划分出七个依次递增的层次，其中从一到三属于否定范围，五到七在肯定范围，而四在中性区域。好与坏的表示如下图。

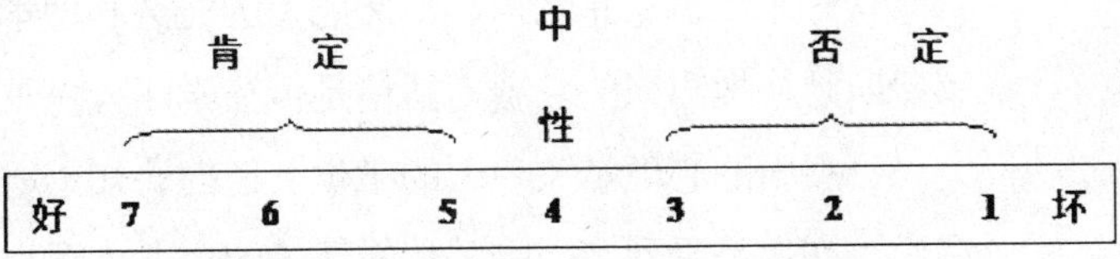

图 9-6　语义差异量表

用这么一个量表便可对某人在某事上的态度进行测量。比如，让读者给报纸打分，如果都在 3 以下，那读者的态度就是否定的；如果在 5 以上，那就是肯定的；如果是 4，那就是不置可否。另外，在否定中如果打 1，那就是极度否定；如果打 3，那就是轻微否定；介乎这二者之间的就是 2。肯定的情形也是如此。这样便能对一种态度做出定量的测定。如果你在某事上的态度得分比他的高，那就表明你比他更趋于肯定。当然，实际测定一种态度不会就这么简单，而是需要设计多种正反情况。比如想对一项活动进行民意测验，就可以设计出这么一些量表：可行与不可行、有利与无利、赞成与反对等。不论多少，得分越高都表明态度越肯定，相反得分越低则显示态度越否定。

3. 认知不协调论

认知不协调论是由声名卓著的美国社会心理学家费斯廷格提出来的。费斯廷格是传播学四大先驱之一、杰出的心理学家卢因的学生。他的认知不协调论最初也是受到卢因有关认知理论的启发才得出来的。

●认知与认知不协调

单从字面上看，所谓认知，既指言谈，又指举止。人的一言一行、一举一动无一不在认知的概念范围中。因此，可以给认知一词下个定义：认知就是人们对一切事物的理解与反应。

简单地说，认知不协调是指一个人同时持有两个不一致、不协调、互相矛盾的认知。比如，一位医生明明知道吸烟会导致肺癌，可还是忍不住要吸烟，这样他在吸烟上的第一种认知即对吸烟危害性的了解，同第二种认知即依旧吸烟的行为便处于认知不协调的状态中。

费斯廷格认为，认知出现不协调就会在心理上造成紧张与冲突，从而促使人们设法消除或减轻不协调而重建协调。打个比方，心理上的紧张犹如生理上的饥渴：肚子饿了渴了都不是滋味，所以得设法吃点喝点以消除或减轻饥渴；同样，心理紧张，内心发生冲突也很难受，也得用心使不协调的认知重新协调起来，以消除或减轻心理紧张。而重建认知协调的过程，总是涉及人对事物的态度，往往还伴随着某种态度的变化。以医生吸烟为例。医生要么保持对吸烟的认识即吸烟导致肺癌，把烟戒掉，以求达到认知的协调；要么还坚持吸烟但不再相信吸烟会导致肺癌。不管怎么做，都要牵涉到他对吸烟的态度：要么维护原来的态度，要么改变这种态度。

●重建协调与态度变化

使认知从不协调变为协调的办法无非是两种：一是自我辩解，一是转变态度。这两者都与态度相关。自我辩解实际上是在维护自己的态度，而转变态度则是要改变它。一般来说，当面临不协调时，人们总是先为某种认知辩解，如果实在无法辩解，那就只好改变某种认知，反正不能总是处于认知不协调造成的心理紧张的状态中。

（1）自我辩解就是按照自己的愿望把不协调的认知尽量解释成一致的。这样做一方面可维护自己所持的某种态度而不必改变它，另一方面又可避免陷入认知不协调的煎熬之中。

（2）态度改变。当自我辩解不能消除认知不协调时，态度改变就成为不可避免的唯一选择。按照费斯廷格的假定，认知越不协调，消除它的内驱力就越强，因而态度改变的可能及幅度也就越大。关于这一点，前面谈其他一致论的学说时其实也都从不同角度涉及了，因此没有必要再多做解释。这里准备只就认知不协调论在这方面的一个较为新奇的研究多说两句，这项研究是关于报偿与态度改变的。

所谓报偿与态度改变，是想弄清这么一个问题，即态度的改变究竟是在高报偿的情况下容易发生，还是在低报偿的条件下更加常见。

1959 年，费斯廷格等人针对这个问题进行过一项有名的实验。他们先请实验对象干一件十分单调无聊、枯燥乏味的工作，就是把螺丝钉拧进去，倒回来，再拧进去，再倒回来。这样一遍一遍地重复进行下去，直到干满一个小时，然后请他们告诉别人，他们刚才干的工作非常有趣，他们感到很愉快。作为言不由衷的报酬，一些实验对象得到二十美元，另外一些实验对象仅仅得到一美元。

事后，研究人员询问他们，他们内心对拧螺丝这类事情到底有多喜欢，是否愿意继续干。结果真是出人意料，认为这项实验有趣并且还想参加的不是那些得到二十美元的实验对象，而是得到一美元的那些人。也就是说，报偿越低，对乏味工作的态度变化就越大，报偿与态度变化是反比关系。

为什么会这样呢？费斯廷格分析说，干很没意思的事却要对人说很有意思，形成了强烈的认知不协调。获得二十美元的实验对象由于撒个无伤大雅的小谎而得到一笔数目可观的现金，因而也就有了为自己的行为进行辩护的充分理由，这样一来他无须改变对乏味工作的态度就能消除认知不协调。可是，一美元的报酬不足以成为撒谎的理由，所以只得一美元的实验对象为重建协调就只有改变对乏味工作的态度，从心里感到拧一小时螺丝的确是件兴味盎然的事情。既然感到有趣，那么说它有趣就不存在什么矛盾，心理就能恢复平衡。总之，费斯廷格等人的这项实验表明：报偿越高，态度改变越小；报偿越低，态度改变越大。

这项实验引起人们的很大兴趣，后来不少研究者也做过类似的实验，并且大都得出相同的结论，即态度改变总在报偿偏低的条件下出现。

第十讲

源流、奠基及集大成者
——传播的研究者们

一、传播学早期学术思想源流

正所谓没有无源之水、无本之木，传播学的繁荣发展也基于早期的学术思想源流。它包括两个方面：一是欧洲源流，二是美国源流。做出贡献的研究者主要有塔尔德、西默尔、杜威、库利、帕克、米德和李普曼等。

1. 塔尔德的模仿法则

法国社会心理学家塔尔德与孔德、迪尔凯姆等人齐名，是 19 世纪法国的社会学的创始人之一。

塔尔德最著名的作品是《模仿的法则》。他是社会心理学中模仿理论的创始人，其社会学理论的核心是“社会模仿论”。塔尔德认为，不存在任何超越个人心理体验的实体，一切社会过程无非是个人之间的互动。每一种人的行动都是在重复某种东西，其实，就是一种模仿行为。模仿是最基本的社会关系，社会就是由互相模仿的个人组成的群体。

塔尔德的模仿理论对从社会心理学角度去研究传播在人格形成和人的社会化过程中的作用产生

了重要的影响。后来，塔尔德出版的《舆论与群集》对舆论的结构及其形成、运动过程作了详细的分析：报刊是公众的“精神纽带”，在“理性的舆论”的形成过程中发挥着十分重要的作用。

依据塔尔德的理论，人的模仿是先天的，是生物特征的一部分。然而，经过米勒多拉德、班杜拉及其他许多学者的研究，模仿性行为犹如其他种类的行为一样，也是习得性的。模仿是社会学习的重要形式，在个体社会化过程中起着重要作用。如婴幼儿因模仿而获得最初的知识。模仿也是人们彼此之间相互影响的重要方式之一，可能拉近关系也可能扩大影响。

2. 西默尔：舆论的厨房

德国著名社会学家西默尔是形式社会学的创始人，其主要著作有《社会分化论》（1890 年出版）《社会学》（1908 年出版）和《社会学的根本问题》（1918 年出版）等。他也是最早研究群体对个人行为的影响的社会心理学家，提出了“舆论的厨房”的观点。什么是“舆论的厨房”呢？

“舆论的厨房”是西默尔对传播网络的描述。他认为社会学就是“关于人与人之间相互关系的科学”。当然，他也是最早提出了传播网络理论的人，认为社会上的个人都是由特定的信息渠道相互连接的，要解释人的行为，最根本的是要搞清个人在这个传播链中的位置。比方说报社的编辑，要从记者那里获取信息，也可能会从通讯员那里获取信息，当然也可能从某个不相识的人那里获取信息，此外，他还要将信息传播到身边的人，如家人、领导等。

3. 杜威：大众传播是变革社会的工具

杜威是美国著名的实用主义哲学家和教育学家。他的传播理论一再强调教育在社会改造中的作用，认为大众传播是变革社会的重要工具。

在密歇根大学任教期间，杜威曾经设想“通过出版一张小小的报纸来改造哲学”，因此创办了以报道社会科学的最新成果和改良社会为宗旨的报纸——《思想新闻》。后来这张报纸因为经营困难而被迫停刊了，但是，杜威始终认为大众传播在改造社会方面具有强大的潜在力量，新的传播技术将会导致社会价值体系的重构。他的这些观点，即便在当今仍旧影响很大。

4. 库利：“镜中我”

在前面的理论中我们也提到过库利，他是美国著名的社会学家。1909年，他出版了《社会组织》，在这本书中他单独设了《传播》一章，从传播的概念、意义和重要性，传播与人际关系，传播的社会心理功能，印刷媒介与近代社会，舆论的形成过程等方面对传播的许多重要问题作了深刻的论述。从这一点来看，库利是最早系统研究传播现象并最早进行了理论化尝试的一位重要学者。

在传播学领域，库利关心的一个主要课题就是人的社会化问题，提出了两个在社会学和传播学中具有深远影响的概念：一是“初级群体”，指个人日常所处的基本群体（父母、伙伴、邻居等）是一个人社会化的基础；二是“镜中我”，这是一个有关个人传播的社会化的过程。“镜中我”告诉大家，个人的行为在很大程度上取决于对“自我”的认识，而这种认识主要是通过与他人的社会互动形成的，他人对自己的态度或评价是反映“自我”的一面镜子。

在库利看来，“镜中我”的主要成因是传播，它不仅是个人社会化的一个途径，而且还是将整个社会连成一个整体的一个纽带。人际传播是库利关心的焦点，他对大众传播并没有给予充分关注，因为他一直对大众媒介的营利性感到不满。

5. 帕克：提倡社会互动论

帕克以及社会学芝加哥学派也对传播学的形成产生过重要的影响。帕克曾经从事过 11 年新闻记者的职业，后来，他为了系统地研究报刊的社会功能以及报刊与舆论的关系而进入哈佛大学和柏林大学攻读硕士和博士学位。1904 年，帕克完成了博士论文《群众与公众》。1913 年，帕克应聘到芝加哥大学社会学系任教，后来成为了芝加哥学派的理论领袖。

在人的行为问题上，芝加哥学派是持反对本能论观点的，他们提倡社会互动理论。他们认为人在出生之际并不具备社会性，使儿童具备社会性的过程也就是使他不断学习语言和感觉自我的过程。在这个过程中，传播起着非常重要的作用。

帕克曾经为传播做出如下定义：传播在某种意义、某种程度上，是个人由此得以推测他人态度和看法的社会心理学过程。

与库利不同，帕克对大众传播也有着广泛的研究。1922 年，帕克对美国外语报刊的状况进行了调查和分析，发表了题为《移民报刊及其控制》的论文。此外，有不少传播学的研究者认为，现代传播学中的“议程设置功能”理论，可以溯源于帕克的“新闻是社会上个人间讨论之基础素材”的观点。

6. 米德：“主我”与“客我”

在芝加哥学派中影响仅次于帕克的二号领袖人物是米德，他也是社会心理学中的互动理论的创始人之一。米德在芝加哥大学任教37年，在有生之年仅仅发表了几十篇论文和书评。在他去世后，人们根据他的讲稿和学生们的课堂笔记整理并出版了《精神、社会与自我》等四部著作。

米德关于人的社会化、社会角色的取得以及社会自我理论，对现代社会心理学和传播学有很大影响。在人内传播方面他提出的“主我”（I）和“客我”（Me）理论，对理解人内传播的社会性具有重要意义，成为说到人内传播必提的一个理论。

7. 李普曼：“刻板成见”

李普曼是美国著名政治学家和新闻工作者，由于长期从事新闻活动，很早就注意到了大众传播对社会的巨大影响。在他的著作《自由与新闻》《舆论》中，李普曼不仅对新闻的性质及其选择过程进行了深刻的分析，而且提出了两个重要概念：一个是“拟态环境”，这个概念阐述了现代社会“环境的双重性”和大众传播对现代人行为的影响；另一个是“刻板成见”，指的是人们对特定事物所持有的固定化、简单化的观念和印象，它通常伴随着对该事物的价值评价和好恶的感情。这个刻板成见在我们的现实生活中可谓随处可见，过去大家看到打扮妖艳的女人都会觉得其风流，不守妇道，就像今天我们一提到90后都会觉得不靠谱。其实这是一种“刻板成见”。“刻板成见”可以为人们认识事物提供简便的参考标准，但也阻碍着人们去接受新事物。个人有个人的“刻板成见”，一个社会也有其社会成员广泛接受和普遍通行的“刻板成见”，因而它也起着社会控制的作用。

在李普曼的研究中，特别强调大众传播的力量，认为大众传播不仅是“拟态环境”的主要营造者，而且在形成、维护和改变一个社会的“刻板成见”方面也拥有强大的影响力。可以说，李普曼是较早探讨了大众传播的宏观社会效果的学者之一，其成就至今对大众传播的宏观社会效果的研究者有深刻的影响。

二、传播学的“四大先驱”

传播学的“四大先驱”，是指政治学家拉斯韦尔、社会学家拉扎斯菲尔德、心理学家卢因和霍夫兰。由于他们对传播研究做出了突出贡献，后来的传播学家便称他们为传播学的四大先驱。

1. 拉斯韦尔：“5W”模式

拉斯韦尔除了在传播学上有成就之外，还是一位著名的政治学家，他的政治学说对当代政治学理论也产生了很大的影响。

拉斯韦尔生长在美国一个儒雅的家庭之中。他的父亲是一名牧师，家里有很多藏书，并常与知名学者交往，实用主义哲学的代表人物约翰·杜威就是他家的常客之一。拉斯韦尔就是在这样的环境下成长的。

大学毕业之后，拉斯韦尔又分别在伦敦大学、日内瓦大学、巴黎大学和柏林大学攻读研究生。24岁时，拉斯韦尔就已经获得哲学博士学位，博士论文是《世界大战的宣传技巧》。在这篇论文中，拉斯韦尔探讨了第一次世界大战中的宣传活动，成为传播学的一篇十分重要的文献，拉斯韦尔因此一举成名，为学术界所瞩目。

1926 年，也就是获得博士学位的当年，拉斯韦尔便受母校芝加哥大学的聘请，到政治学系任教。在芝加哥大学任教期间，拉斯韦尔还曾到我国燕京大学做过讲学活动。蜚声美国政坛的《纽约时报》专栏作家詹姆斯·赖斯顿，就是拉斯韦尔的学生，他后来回忆，尽管当时他不太喜欢拉斯韦尔的教学方法，但许多年后回想起来，拉斯韦尔却是给他启发最大的一位老师。

拉斯韦尔一生写了大量的文章和著作，总计达 600 多万字。1948 年，他发表了一篇题为《社会传播的结构和功能》的文章。这篇文章对传播学来说，是一部纲领性的力作，也是一部传播学的独立宣言，有人把它称为一张构筑传播学大厦的蓝图。在那篇文章中拉斯韦尔提出了著名的“5W”传播模式。

传播学研究者李彬教授认为，所有的传播学仿佛是对拉斯韦尔的《社会传播的结构与功能》一文的注释，因为它涉及传播学中的许多基本内容。它与传播学的关系，恰似申农的《通信的数学理论》

与信息论的关系。巧合的是，这两部著作出版的时间都是 1948 年。

拉斯韦尔的《社会传播的结构与功能》一文的意义主要体现在两个方面：一方面它从内部结构上，分析了传播过程的要素，提出了前面说的“5W”模式；另一方面它从外部功能上，概括了传播活动对社会产生的作用。

在拉斯韦尔看来，一个传播过程包含五大要素：谁（Who）、说了什么（Say What）、通过什么渠道（In Which Channel）、对谁说（To Whom）、产生了什么效果（With What Effect）。

“5W”传播模式清晰地将一个传播过程划分成了五个环节。拉斯韦尔认为，任何一个传播过程都由五个部分组成：传播主体、传播内容、传播渠道、传播对象和传播效果。这五个方面构成了一个传播过程，或者说传播这种产品是由五种元素组成的。

拉斯韦尔在详细分析了传播的五个要素之后，又提出了与这五个环节相对应的五种传播研究：传播主体的研究称为“控制分析”，传播内容的研究称为“内容分析”，传播媒介的研究称为“媒介分析”，传播对象的研究称为“受众分析”，传播效果的研究称为“效果分析”。这五种分析涵盖了传播研究的主要领域。事实上，几十年来传播学的发展历史也表明，一切真正致力于研究传播及其规律的科学都离不开这五种分析，都直接或间接地围绕这五种分析做文章。

《社会传播的结构与功能》的第二点重要意义是从外部功能上概括了传播的三大作用或三大功能，即监视环境、联系社会、传递遗产。后来，美国社会学家赖特又在拉斯韦尔的这三大功能上增加了第四项功能——提供娱乐。关于这些传播功能，在前面已经做了详细的介绍，这里只需明白拉斯韦尔的三大功能论同他的五大要素论一样，对传播学来说都是开天辟地的事件。传播学自身的研究就是从这片新开辟的天地中逐渐发展完善起来的。

《社会传播的结构与功能》指出了传播研究的两种形式：一种方式是把传播活动当成一个完整独立的系统，并对它进行分析、研究和探讨，找出其中带规律性的东西，这一点充分体现在传播五大要素上；另一种方式是把传播系统置于更大的社会系统中进行考察，从而发现传播与社会、历史、文化之间的深层关系，这一点包含在传播三大功能的阐释中，也就是考察传播在整个社会大系统中的作用。第一种方式注重从点上进行深入的研究；第二种方式则着眼于在面上展开分析。传播研究只顾及点而忽略了面固然不行，因为传播系统与整个社会系统存在着千丝万缕的有机联系，如果割断这些联系而只是一味地研究传播系统自身的规律，其结果必然是只见树木不见森林；反之，传播研究只看到面而抛开点同样也不行，因为传播活动毕竟有其独特的规律，如果置这些规律于不顾而只是解剖传播与社会之间的血肉纽带，其结果就会是见林不见木。

令人感到遗憾的是，美国的经验学派和西欧的批判学派这两大传播学流派恰好步入这两种传播研究中的误区。经验学派仅在拉斯韦尔的五种分析里打转转，执着于传播自身规律的探讨而忽略传播与社会的联系，缺乏开阔的视野、恢宏的气度、深刻的意蕴；批判学派对五大分析不屑一顾，只是承袭三大功能的路数，只琢磨传播与社会的联系而轻视传播自身规律的总结，显得头重脚轻，大而无当。总之，他们的研究都是在自己所关注的一个角落里面打转。其实，研究传播现象既要注意它外在的普遍联系，又要注意它内在的本质，两个方面都不应偏废，才能全面地分析传播现象，正如拉斯韦尔的《社会传播的结构与功能》一样，从两个方面下手。

2. 卢因：团体动力学

卢因是心理学完形学派的代表人物之一。完形心理学又被称为“格式塔”心理学，最早起源于德国，曾经在美国很盛行，其创始人是惠太海默、苛勒、考夫卡等。他们都是在德国完成的学业，然后一同在德国创立完形心理学，后来又相继移居到了美国。

卢因生于德国，24 岁时就获得了柏林大学的哲学博士学位，37 岁时晋升为柏林大学的教授。在此期间，卢因同完形心理学的创始人苛勒和惠太海默有着密切的往来，逐渐接受了完形派的学说，成为完形心理学的积极倡导者。不过，卢因的研究及理论并不完全属于正统的完形心理学，而是带有更多的独创性。

到底什么是团体动力学呢？团体动力学主要是探究团体与个体二者间的关系，尤其致力于揭示团体规范对个体行为的制约与影响。物理学的场论是卢因团体动力学的理论基础。在卢因看来，一个团体就像是一个场，必须把“团体”当作一个整体来看待，而不能把“团体”视为团体之中各个成员加在一起的总和。

卢因认为，在团体与个体的关系中，起决定作用的不是个体而是团体。团体固然会受到其中每位个体成员的心理因素的影响，但更重要的却是个体必须受所属团体的左右。举例来说，一个组织的发展壮大当然与每个成员的能力大小以及勤奋与否等有关，但是，更重要的是组织人员的成分和角色取决于他所属的那个组织。

卢因把凝聚力视为团体最重要的属性。凝聚力是团体成员相互利益的延伸。既然人的天性都倾向于关心自身的利益得失，那么他也倾向于维护团体的凝聚力，要想通过传播活动来改变一个人的观念、认识与态度，就得首先从他所属团体的价值规范上寻找突破口，而不应在他个人的身上打主意，否则难以奏效。传播学家施拉姆也曾经对这个问题发表了自己的看法。

要使一个人的价值观念和行为发生重要的转变，通常就要从改变其珍视的团体的态度着手。譬如，据说……在……战争时期进行“洗脑”的一个原则，就是让战俘离开他的团体，把军官同士兵分开，家里来的信件被扣下，反映其过去的团体规范的出版物和消息被切断。战俘们被编入新的讨论班，采取一切办法来建立新的友谊和从属关系。

在此之前的传播研究往往只专注于传播对象个人的研究，把研究传播的火力都集中在传播中的个人身上，以为只要传播内容击中目标，传播对象就会应声而动，也就是说他的态度便会随着传播者的愿望发生相应的改变。传播研究早期的“靶子论”“枪弹论”就以这种认识为前提。所谓靶子论、枪弹论，就是把传播学对象看作射击场上的靶子，只要枪弹即传播内容击中靶子，大功就算告成。但是，自从卢因的团体动力学问世后，人们才发现问题并不像之前所说的那么简单。传播对象并不是一个无依无靠的、孤零零的靶子，在他身后还有团体这个靠山。他受到团体规范的保护，就像防御者藏身在坚固的掩体的后面，这个掩体便是个体所在的这个团体。由此可见，传播活动要达到预期的目标，要击中传播对象，首先必须把火力集中在个体的这个掩体上，也就是个体所属的团体，不扫清这个障碍，就谈不上对隐蔽其中的那些个体产生影响。一句话，要改变一个人的某种态度，不仅要考虑他的个人因素，更要考虑他所属的团体因素，这就是卢因的“团体动力学”给传播学的一大启发，同时也是他为传播学所做的一大贡献。

“团体动力学”是怎么应用的呢？卢因就在

这一问题的指导下带领大家进行了一项传播研究。“二战”期间，由于食品紧缺，以往那些被大家视为不登大雅之堂的食物，如黑面包、牛杂碎等也开始被许多美国家庭端上了餐桌。起初，人们不习惯吃这些东西。为了让公众相信黑面包比白面包更有营养，牛杂碎比牛肉更有益于人们的健康，需要开展宣传活动，对人们进行劝服。采用什么传播方式最能有效地引导人们接受新的饮食习惯呢？针对这一问题，卢因及其助手开展了一个著名的研究。他们挑选了一群家庭主妇作为实验的对象，把她们分成两组：一组只听演讲，内容是关于饮食习惯和人的健康；另一组除了听同一内容的演讲之外，还围绕演讲展开讨论。实验结果表明，演讲组只有 3.6% 的人表示愿意接受演讲者的观点，改变他们以往的饮食习惯；讨论组的这一比例却高达 32%。

关于这一实验结果，卢因根据团体动力学的解释是，讨论组中的态度改变者之所以比演讲组高出十倍，是因为讨论组比演讲组多了一个关键性的因素——团体。在讨论组中，原来各不相识的家庭主妇暂时形成一个团体，大家同属这个团体的成员，因此就有一种同呼吸、共患难的心理趋向。在讨论的过程中，这一组的人彼此商议、集思广益，逐渐产生出了一种最佳的、得到公认的方案，在团体动力的作用下，每个成员都很自然地倾向于采纳这种大家共同协商出来的方案，愿意改变自己原有的态度。而在演讲组中，实验对象处于互不相涉、各行其是的状态中，仅凭自己的意愿做决定，不受团体力量左右，没有团体的压力，因此，出于墨守成规，很少有人会转变态度。

卢因的这项研究是对团体动力学的具体解说，体现的正是团体动力学的基本思想，即在团体与个体的关系中，起决定作用的是团体因素。因此，要改变个体的态度，首先得从团体入手，进而由团体影响个体。

卢因的这一学说为传播学奠定了一块基石，为这一学科的建设贡献了力量。

3. 拉扎斯菲尔德：人民的选择

拉扎斯菲尔德是一位颇有名气的社会学家，《不列颠百科全书》称他的学术成就“在 20 世纪整个后半期是影响深远的”。

拉扎斯菲尔德出生在奥地利，曾就读于维也纳大学。当时弗洛伊德与阿德勒这两位精神分析学家在该校执教，该校一时学者云集、名流荟萃，学术风气很浓，研究水平很高。拉扎斯菲尔德在维也纳大学主修数学，23 岁时获得应用数学哲学博士的学位。后来，他受到弗洛伊德等人的影响，对心理学产生浓厚兴趣。1933 年至 1937 年，他获得了一笔洛克菲勒基金会的奖学金，前往美国进修心理学，从此之后他就在美国定居了。

1940 年，拉扎斯菲尔德来到纽约的哥伦比亚大学，在社会学系任教直到 1976 年去世。他后半生的学术生涯始终以这所一流学府为中心。哥伦比亚大学对世界新闻传播业来讲是名高望重，因为美国报业大王普利策临终之际为该校捐献了一笔巨款，建起了享誉世界的哥伦比亚大学新闻学院。一年一度的普利策新闻奖就是由这所学院主持评选的。

与卢因在麻省理工学院创办团体动力学研究室同一时期，拉扎斯菲尔德在哥伦比亚大学筹建了“应用社会学研究所”。他的应用社会学研究主要包括失业、大众传播、选举与政治活动、教育与心理、社会研究方法与程序、数理社会学、市场研究等。由此可见，传播研究只是他整个研究活动中的一个部分，从此我们可以具体看到社会学对传播学的渗透和影响。

在传播研究方面，拉扎斯菲尔德取得的杰出成就是他的“两级传播理论”。这一理论问世于1948年，但这个意义重大的传播理论的形成却要追溯到1940年。1940年是美国总统大选年，拉扎斯菲尔德带领其应用社会学研究所同仁趁此机会进行了一次大规模的调查研究。其主要目的在于揭示大选期间影响选民投票意向的社会网络，弄清哪些因素正在对选民发生作用。

社会学家、大众传播学家德弗勒曾经评价拉扎斯菲尔德的这次研究是一个里程碑，他的理由有两条：第一，这项研究规模大，方法先进；第二，这次研究的结果为大众传播的过程和效果展示了新的前景。

拉扎斯菲尔德的这项研究从1940年的5月开始，到该年的11月结束，历时半年之久。在此期间，拉扎斯菲尔德等人按预定方案对美国一个县的3000名选民分别进行访谈，对他们的宗教信仰、党派倾向以及使用媒介的习惯等做出分类，然后对调查结果加以分析，据此探究选民政治态度的形成及其变化的规律。这项研究过去八年之后，他们在这项大规模研究的基础上发表了专著《人民的选择》。

《人民的选择》中的一个基本结论是：大众媒介对选民们的影响非常有限，也就是说大众传播效果甚微。这个结论同人们的常识大相径庭。按照流行的观点，当今时代乃是大众传播的时代，是大众媒介主宰一切的时代，媒介告诉我们看什么、听什么、怎么听、怎么看，每个人从早到晚，从生到死，无时无处不在大众媒介的天罗地网中生活。尤其是两方的竞选运动，从传播的角度看都是媒介运动。绝大部分竞选经费实际上都花在媒介宣传上，如登广告、发表演说、大张旗鼓地报道等。这一切似乎表明，媒介具有十分强大的威力，媒介的影响非常广泛。

其实，拉扎斯菲尔德等人也以为他们可能会发现媒介的这种非凡的魔力，然而，他们的研究结果却让他们大跌眼镜。当然，他们也意识到了并不存在一种随心所欲地控制选民头脑、为所欲为地左右选民的传播媒介。在选举的过程中，媒介充其量只是影响选民的诸多因素中的一种，同媒介一同发生作用的还有选民的家庭、同事、朋友等因素，而且这些因素所形成的影响力要远超过媒介的作用。因此，德弗勒说："《人民的选择》在大众媒介的思想领域开辟了一个新时代。它似乎完全否定了媒介的威力是无边的这一旧假想，转而支持一个新假说即媒介效果甚微。虽然某些早期的研究也提出了类似的看法，但《人民的选择》中的广阔范围、先进方法和让人惊讶的发现使这次研究成为媒介研究中的一个重要里程碑。”

这次研究的另一个完全出人意料而且意义重大的发现是传播过程中的两级传播现象。这一发现似乎是偶然所得。当研究进行到一半时，拉扎斯菲尔德等人意外地发现，大多数选民获取信息并接受影响的主要来源并不是大众传播媒介，而是一小部分其他的选民。这一小部分人与媒介关系十分密切，频繁地接触报刊、广播、广告等媒体，对有关事态了如指掌。那些经常与这一小部分人交往的大多数选民便从他们那里间接地获得了有关竞选的重要消息，并且听取他们对许多竞选问题的解释。在形成和引导舆论中，这一小部分人起了关键的作用，这一小部分人就是拉扎斯菲尔德等人所称的“舆论领袖”。

这个舆论领袖可以说是两级传播理论的核心所在。如果把握住了舆论领袖，那么也就理解了两级传播。因为所谓两级传播指的就是信息先由大众媒介传播到舆论领袖那里，然后再经舆论领袖扩散给社会大众的过程。由于这个过程分为前后相连的两个阶段，所以称为两级传播。其中，第一个阶段是从大众媒介到舆论领袖的传播；而第二个阶段的传播，则是从舆论领袖到全体公众的传播。

两级传播理论的提出，既是对以往传播研究的一大深入，更是对此后传播研究的一大启发。对于这一传播理论，传播学的集大成者施拉姆先生这样评价："尽管这一理论可能并不完善，甚至并不正确，而且它在实践中的重要意义也可能会降低，但这一切都不能抹杀它作为起点的重要性。"

4. 霍夫兰：态度改变

霍夫兰与拉斯韦尔一样是土生土长的美国人。霍夫兰只活了 49 岁，可谓英年早逝。霍夫兰 20 岁大学毕业，获得了文学学士学位，一年后拿到了硕士学位，和拉斯韦尔一样，24 岁时便拿到了耶鲁大学哲学博士学位。博士毕业之后，霍夫兰便开始在耶鲁大学执教，33 岁时，霍夫兰成为耶鲁大学心理学系的系主任。

在社会心理学的研究中，"态度"问题是一项重要的内容。霍夫兰就是开辟这一研究领域的先驱。霍夫兰毕生的研究都集中在态度这一问题上，尤其致力于态度的形成与转变。这涉及用什么方法能够有效地促使人们接受或改变某种态度的问题，也就是说用什么样的方法能取得最佳的传播效果。比如说如果有人想让你对某个项目的方针、某个品牌的商品，或对某个电视节目、某项活动的意义形成一种积极的、肯定的态度，那么这个人该怎么说、怎么劝，才能使你信服并接受他的观点呢？哪种传播方式最有可能获得预期的效果呢？正是在传播与态度这二者的结合点上，在劝服手段与态度转变的连接之处，社会心理学的研究与传播学的研究交融在一起，彼此交叉、互相渗透，形成难分难解之势。霍夫兰作为社会心理学态度研究方面的权威人物，顺理成章地成为了传播学的一大先驱。

霍夫兰的态度研究可以分为前后两个阶段。前一阶段是从 1943 年到 1945 年，后一阶段是从 1945 年到 1961 年他去世。前一阶段只是他学术生涯的序幕，后一阶段才是高潮。

第二次世界大战期间，美国军队以电影、广播等传播媒介来教育部队并鼓舞士气。这样做到底取得了什么样的效果呢？是否达到了目的呢？在几种可供选择的传播方案中，究竟哪一种最好？哪种最有效？比如，介绍前线形势时，只说形势有利的一面好，还是将有利和不利都说了好呢？为了解决这些紧迫的战争宣传问题，美国军方根据陆军参谋长马歇尔的指示，召集了一批心理学专家组成一个专门的研究小组，其中，负责具体事务的就是耶鲁大学教授霍夫兰，那一年霍夫兰 31 岁。

赛弗林和坦卡德也是美国的传播学研究者，他们在谈到霍夫兰领导的这个研究小组时曾写道："这个集中了美国心理学界最出色的人物的班子所从事的大型研究项目被认为是改变现代态度研究的开端. 而且是大众传播理论若干重大贡献的渊源。"

霍夫兰在第二次世界大战结束以后重新返回耶鲁大学，出任了心理学系的系主任，继续进行态度问题的研究。不仅如此，霍夫兰还带回了在大战期间曾与他在研究小组中一起工作的一些心理学家。此后，他们以霍夫兰为核心形成了在传播学研究中赫赫有名的耶鲁学派，在洛克菲勒基金会的支持下，设立了后来以耶鲁研究而著称的传播研究项目。用他们的话来说，耶鲁研究旨在"提出科学的见解，以辨别哪些条件可使这类或那类劝服性传播的效果有所增强或减弱"。

从某种程度上来说，耶鲁学派的耶鲁研究是

霍夫兰在战时领导的那项研究的继续，但他们的研究涉及的范围更加广泛，探讨的问题更加深入，产生的反响也更加地巨大。因此，战时研究与耶鲁研究虽然一脉相承，但前者只是序幕，后者才是真正的高潮。耶鲁研究中产生了一批关于态度问题的论著，以耶鲁丛书闻名，其中包括了霍夫兰的代表作《传播与劝服》（1953 年）。

我们在述说霍夫兰的时候，将他的研究活动分为了前后两个阶段，当然后一个阶段是前一阶段的扩大和延伸。但是有一点是相同的，那就是无论是前一阶段还是后一阶段的研究，都直接服务于美国的国家利益：前者为了第二次世界大战，后者则是为了冷战。

从研究方法上来看，霍夫兰及其耶鲁学派的研究方法基本上是实验法。他们把千差万别、复杂多变的人当成简单的实验标本，置于一种人为的、实验室一般的研究环境中，然后控制其他变量，再操纵一种变量，看看实验对象对此有何反应，继而归纳出某种变量与某种反应之间的对应关系。比如，让一组人看一篇文章，让另一组人看同样内容的连环画，然后对比两组的反应，总结出哪种方式最有效。这种研究方式的缺陷在于脱离现实环境，结论同实际常常不相吻合，因为，实际传播过程错综复杂，远非实验环境所能模拟，其中有许多难以预料、控制的因素被排斥在研究活动之外，但那些因素在具体情境中却常起关键作用。总而言之，耶鲁研究具有十分明显的闭门造车的弊端。

此外，霍夫兰及耶鲁学派的研究只是关注具体的传播环节，只探究实际的传播效应，而很少过问传播活动的整体情况，更不要说去分析传播系统与社会系统的有机联系。虽然他们也有不少的成果，但终归缺乏深刻恢宏的气度。当然，这种局面同美国那种重实用、讲实惠的民族特性直接相关。实用主义哲学诞生于美国绝非偶然。美国这种实用至上、功利第一的价值观体现在传播研究中，自然就形成以传播效果为核心问题的研究取向。

在传播活动的所有研究中，只有传播效果是最实用的方面了，传播中那些能“看得见的好处”就在效果。霍夫兰及其耶鲁学派就代表了这一实用主义的研究取向。他们不仅开了效果至上的风气之先，而且还曾一度支配着传播学研究的发展方向，致使五六十年代的传播研究几乎尽在社会心理学的圈子里转来转去，围绕如何取得最佳的传播效果开展研究。

霍夫兰及耶鲁学派的传播研究尽管存在着这样那样的弊端及偏差，但对传播学的形成及发展却起了极大的推动作用，尤其是他们在劝说艺术和传播技巧上的研究成果对传播学理论的完善更是具有不可磨灭的贡献。事实上，正是耶鲁学派的突出贡献和显著影响，传播研究才开始朝着独立学科的方向跃进，并最终得以问世。

三、传播学的集大成者——施拉姆

与传播学的四大先驱不同，施拉姆是第一位把传播学作为独立的学科来研究的学者，力图使之系统化、正规化、完善化。他为创立传播学所做的贡献是无人可比的，所以被公认为“传播学鼻祖”“传播学之父”。

施拉姆出生在美国的俄亥俄州，父母都是音乐迷，经常在一起演奏音乐，常常有悠扬动人的琴声从他家的窗里飘出来。受家庭环境的熏陶，施拉姆从小就酷爱音乐，曾经的梦想是当一名有造诣的长笛演奏家。其实，直到上大学时，他还没有决定是不是将音乐当作终生的事业。

施拉姆大学毕业后进入哈佛大学深造，专攻英美文学，23 岁时获得了硕士学位。然后，他又到依阿华大学攻读美国文学博士学位。他在依阿华大学时的室友华莱士·斯特格纳，后来成为一名小说家并得了普利策文学奖。根据华莱士·斯特格纳的回忆，施拉姆总爱在他的宿舍里挂两张照片，一张是波士顿交响乐团的首席长笛手，另一张是他在哈佛大学时的英语教授。从这里可以看出施拉姆当时的两大愿望：一是当音乐家，一是做学者。后来的事实表明，做学者的愿望最终还是占了上风。

1932 年，仅仅 25 岁的施拉姆在依阿华大学取得了博士学位，在该校的英语系任教。不过，当时他的主要精力和兴趣不在治学，而在文学创作方面，是“依阿华作家笔会”的创始人。他写的一些短篇小说，分别刊登在《大西洋月刊》《星期六晚邮报》等著名报刊上。1942 年，施拉姆还荣获了欧·亨利短篇小说奖。能够荣获欧·亨利短篇小说奖，说明施拉姆当时的文学作品已经达到了相当高的水平。事实上，施拉姆后来的学术论著都具有较浓的文学色彩，这显然与他早年的创作经历有关。比如，他非常善于用形象化的比喻来说明抽象的理论，其许多著名比喻都已成为传播学的常用术语，如“绿洲”“税界”“十字路口”“时间窃贼”“自助餐厅”等。

施拉姆的兴趣开始由文学创作转向新闻传播，是在20世纪40年代。1943年，施拉姆出任依阿华大学新闻学院院长。1947年，他阔别了学习执教达17年之久的依阿华大学，来到伊利诺伊大学，就任校长助理兼伊利诺伊大学出版社社长。在这所大学，施拉姆做了两件对传播学来说意义非常重大的事情。第一，出版了信息论的奠基之作——申农的《通信的数学理论》。这部名著的问世不仅标志着信息论的诞生，而且也对传播研究产生了重大影响。申农的《通信的数学理论》原本只是一篇论文，刊登在《母贝尔工程技术》杂志上。有一次，施拉姆在翻阅资料时偶然发现了这篇论文。于是，他顾不上其他事，一口气读完了这篇论文，随后决定由伊利诺伊大学出版社正式出版。当时他已敏锐地洞见这篇文章的重要价值。但是，申农的文章专业性很强，为使更多的人能了解、把握信息论的内容，施拉姆又专门邀请数学家韦弗对申农的观点进行注释，使之通俗易懂。《通信的数学理论》出版后引起学术界的瞩目。当然，施拉姆本人也从信息论中得到了的启发，他的传播模式，就完全照搬申农的信息传播模式。出版《通信的数学理论》这本信息论的代表作是施拉姆在伊利诺伊大学所办的第一件有益于传播学的事情。

第二件事情是创办伊利诺伊大学传播研究所。这是施拉姆一生中创办的几家有名的传播研究所中的第一家，它的成立第一次为传播研究提供了一个稳固的基地。从此，传播研究有了自己的大本营，传播研究也开始走上了正规化的道路。

施拉姆在 1955 年离开伊利诺伊大学，来到了了太平洋沿岸的加利福尼亚州，并被斯坦福大学传播研究所聘为教授，在这里他又创办起他的第二个更著名的传播研究所——斯坦福大学传播研究所。从此，他在传播学研究领域的集大成者的学术地位开始起步了，他的研究开始由以往单纯地挖掘整理传播学素材转向对各家之说的整合，继而构建自成体系的传播学理论框架。其实，他对传播学的重大建树差不多都是在斯坦福大学完成的。

1956 年，施拉姆参与撰写的《报刊的四种理论》一书出版问世。这部书的篇幅虽然不大，摆出来也很不起眼，但一经出版便立即在西方的新闻传播界和学术研究界引起了巨大的反响，当时便被奉为新闻与传播研究方面的经典之作。这部书实际上是对有史以来和当今盛行的所有传播体制及传播观念的一个总括性的比较研究。这部书共由四篇相对独立而又互相关联的论文所组成，分别探讨了集权式、自由式、社会责任式和共产主义式四种基于传播体制的新闻传播模式。集权式模式是指西方近代早期封建专制王朝控制新闻传播事业的情形。自由式是指自由资本主义时期新闻传播为所欲为，不受制约的状况。这种状况最后发展到令人难以容忍的地步，黄色新闻的出现与泛滥就典型地反映了自由式的弊端。于是，一些有识之士便呼吁新闻传播应享有完全的自由并承担应负的社会责任。至于共产主义式，则是针对以苏联为代表的共产党国家的传播体制与传播观念而言，而这篇文章的作者就是施拉姆。

施拉姆一生共写有三十余部传播学论著，总计约五百万言。这些著作大体上分为两类，一类是理论性的，一类是应用性的。《报刊的四种理论》就属理论性的。在应用性研究上，施拉姆最关注的一大课题，就是发展中国家如何利用媒介加快现代化进程，他是媒介与发展这个问题上的举世公认的权威。1964 年，联合国教科文组织曾邀请他撰写了《大众媒介与国家发展》一书（该书与《报刊的四种理论》都有中译本）。在这方面，他提出过一对很有名的概念——“大媒介”和“小媒介”。所谓大媒介，是指那些现代化程度高，需要调动大量人力物力才能推展的媒介，如电影、电视、电脑教学等；所谓小媒介，是指那些花钱少、见效快的媒介，如幻灯、广播、教科书等。在他看来，发展中国家应首先发展小媒介，而不应模仿发达国家，盲目地去追逐大媒介。他的这种观点对今天的第三世界来讲，仍具有普遍的现实意义。除勤奋笔耕、著书立说之外，施拉姆还苦心孤诣地培养了一批传播学研究生，造就了不少学有所成的后起之秀，当今美国许多独当一面的传播学学者都出自他的门下，有的甚至是他的学生的学生。

正是在他的精心培植下，到六七十年代便形成以他为学术领袖的一个学派。该学派的兴起实际上也标志着传播学的诞生。如果以霍夫兰为首的耶鲁学派只专注于传播问题的一个侧面即如何进行有效的传播，施拉姆学派则以对传播现象进行总体而系统的考察著称。这一学派不仅是美国首屈一指的传播学流派，而且对传播学在全球范围的兴起也产生了重大影响。

1973 年，施拉姆又从美国加州漂洋过海，来到夏威夷，以花甲之年协助创办了设在夏威夷的“东西方中心”的传播研究所，并出任所长。“东西方中心”是以研究亚太地区经济及社会发展问题为主的科研机构，由施拉姆协助创办的这个传播研究所更是远近闻名，我国中央级的新闻传播部门不时选派人员去那里进修深造或从事研究。

正是在夏威夷，施拉姆完成了他最负盛名的代表作《男人、女人、信息、媒介：人类传播概览》（中译本名为《传播学概论》）。这部书是第一部全面而系统地阐释传播学理论的专著，是施拉姆一生从事传播学研究的心血结晶。这部书的间世最终确定了他作为传播学集大成者的地位。他的许多著作如今已很少有人去翻阅，但他的《传播学概论》至今仍是研习传播学的必读书。

1982 年，施拉姆曾经来到我国进行学术交流，陪同他前来的是其在香港的高足余也鲁。那时，我国的传播学研究才刚开始起步，许多人对传播学甚至是传播都觉得很陌生。

在这次访问中，施拉姆曾经对传播学的未来前景做过一番大胆预测。他认为，在接下来的一百年中，心理学、社会学、人类学等分门别类的社会科学会形成一种综合性的学科，而其中传播研究将成为基础。所以，综合之后的社会科学将会十分注重传播的研究。

传播学是一个交叉学科，它的问世从基础理论到具体研究归功于许多其他学科的社会科学家，传播学的四大先驱更是功不可没。但是，假如最后没有施拉姆的“组织与协调”，没有他所进行的这些集大成的工作，那么，传播学的诞生是令人难以想象的，或者要往后推迟很长时间。

四、经验偶然批判——传播学流派

中国功夫名扬中外，因其招式不一样而分为少林派、武当派、峨眉派等不同派别。传播学也是如此，自从其诞生之日起，就有不少学者从不同的角度进行研究，最终形成比较有名的两大流派——传播学经验学派和批判学派。

1. 传播学经验学派

经验学派是传播学两大学派之一，从广义上看，指的是主要以经验性方法来考察社会现象的社会科学流派，与主要以思辨性方法考察社会现象的流派相区别。传播学中的经验学派，尤其指以美国学者为代表的主流传播学。在传播学中，经验学派既是一个方法论的概念，又是一种社会观和传播观。

●*经验性方法*

经验学派，其核心就是在研究方法上主张从经验事实出发，运用经验性方法研究传播现象的学派。所谓经验性方法，是一种运用可观察、可测定、可量化的经验材料来对社会现象或社会行为进行实证考察的方法，这种研究方法出现于 19 世纪后期，在现代社会科学中有着广泛的应用。

在使用经验性方法论进行研究的时候，其实假定了这样三个基本前提：其一，普遍存在的社会现象具有自身的客观性，这些客观性可以通过一定的科学方法加以揭示；其二，人类有能力开发或设计出揭示社会现象之客观性的科学方法；其三，任何关于社会现象的理论和假设，都能通过一定的科学方法得到证明或否定。从这三个基本前提可以看出来，经验性方法论与社会科学中的实证立场是联系在一起的，似乎整个世界的任何事物、现象都有客观性，而且人类也有能力设计出来去证明、揭示它们的科学方法。

传播学经验学派的经验性研究方法在运用的时候还要遵循一定的原则：首先，研究程序应具有客观性和可重复性，用于调查和分析的方法和技术不能随意变更，以便为其他学者提供验证的手段；其次，社会科学家的首要目标，是收集和提供关于理论假设的无可争议的科学数据和材料；最后，通过公开的学术讨论，建构关于社会现象的一般理论模式或“定理”。也正是由于这样，在传播学经验学派的研究过程中出现了很多模式，如拉斯韦尔的“5W”模式等。

作为一种社会现象的研究方法，经验性方法既不唯一也不完美，其本身也存在着严重的缺陷，主要有以下几点。

第一，社会现象和人的行为都是无限复杂的，而可观察、可测定、可量化的经验材料是相对有限的，特别是作为社会实践主体的人的理性和精神活动，在许多情况下并不能单纯地通过经验材料加以说明。

第二，问卷调查或控制实验是经验性研究所依赖的主要程序或技术。就程序而言，仅仅具有“概率论意义上的科学性”，并不具有像自然科学一样的精确和严谨；就技术而言，尽管有一部分变量或条件在实验环境中能够被操作、分析和处理，但毕竟实验控制的条件是有限的，从这里得出的结果往往不能说明丰富多彩和复杂的社会现实。

第三，经验性研究所依赖的主要是个人或小群体层面上的经验材料，在研究现实的社会微观现象方面可能会具有一定的效用，但在考察社会的历史过程以及宏观社会结构方面是缺乏有效手段的。

第四，经验性方法论者一贯主张用“纯客观”的态度来研究社会现象，但要做到100%的客观，在现实当中很难实现。

●经验学派在美国

经验学派是西方传播学的主流学派，以美国学者为代表。美国的经验学派除了在方法论上坚持经验性实证研究的立场以外，还有这样两个重要特点：一是实用主义的研究目的，二是多元主义的社会观。

实用主义是西方社会广为流行的一种思维方式和哲学流派，产生于18、19世纪的美国。这种思维方式认为，判断事物（或真理）的标准不是思想或语言本身，而是思想所引起的客观行为。打个比方，一个人判断孩子是否懂礼貌，不是听这个孩子说自己多么有礼貌，而是看这个孩子有没有做不礼貌的行为，比如，张口骂人、见了老师转身就跑等。

这种实用主义哲学，通过一些传播学研究者，如皮尔士、杜威、米德等人的学术思想对美国的传播学研究产生了深刻的影响。经验学派的主要学者——拉斯韦尔和他的宣传研究、拉扎斯菲尔德等人的“传播流”研究、霍夫兰等人的说服实验、卡兹等人的“创新与普及”研究等，都带着非常明确的实用目的。他们的着眼点在于考察传播过程的结构与功能，传播对人的心理、态度和行为的影响，以及如何通过传播来实现个人或群体的目标，这样我们就很容易理解为什么传播效果问题一直是经验学派关注的核心和焦点了。

经验学派的研究兴趣主要集中在传播与人的行为问题上，着意探索如何通过传播来控制和修正人的行为，这些研究对社会管理来说具有很高的应用价值，这或许也是他们能够获得经费赞助的原因。

2. 传播学批判学派

传播学批判学派是现代传播学研究中的两大学派之一，无论在方法论还是在学术立场上都与经验学派有着很大的区别，其研究者以批判的眼光来看待传播以及传播学。20 世纪 60 年代至 80 年代，传播学的两大学派之间进行了一场大辩论。经过这场大辩论，在方法论上双方虽然有所接近，但在社会观和传播观上根本的对立和分歧依然存在。

●批判学派的发展经历

批判学派是在社会科学的法兰克福学派的影响下，以欧洲学者为主的学派。1923 年在德国法兰克福成立的“社会科学研究所”是批判学派的发源之地，这个研究所从马克思主义理论出发对资本主义社会进行批判性研究，其主要代表人物有 M. 霍克海默、H. 马尔库塞、T.W. 阿多诺等人，当然这些人以后也都成了批判学派的领军人物。后来，由于德国法西斯势力上台，“社会科学研究所”在 1933 年迁到日内瓦，第二年又迁到美国，与哥伦比亚大学建立了合作关系，1949 年再次迁回了法兰克福。

一开始法兰克福学派的学者就对美国传播学的实用主义和实证主义态度抱有强烈的批判态度。根据阿多诺的回忆，1938 年，阿多诺曾应拉扎斯菲尔德的邀请到普林斯顿大学广播研究室担任音乐部门的负责人。在工作期间，有两个方面让阿多诺感到“很不适应”。第一点，研究室的赞助者是洛克菲勒财团，研究室进行的各种研究都是为商业广播资本服务的，所以这里的研究是不允许批评美国当时的资本主义商业广播制度的。第二，该研究室所采用的经验性研究方法有“很大问题”。在他看来那里的学者们只是对“数据”感兴趣，把数据看作是“科学的本质”，而所得出的社会理论也不过是“从数据的整理中抽象出来的东西”。与此相反，在阿多诺看来，把实验对象的反应看作是社会科学知识之最终源泉的研究方法是极为肤浅的，数据只不过是证明社会理论正确性的附属现象而已。在普林斯顿大学广播研究室工作期间，阿多诺依然坚持自己的批判态度和辩证的分析方法，当然，他的行为也引起了商业广播资本的不满。1939年秋，洛克菲勒财团不再对该音乐研究项目进行资助了，阿多诺也因此离开了这个研究室。

拉扎斯菲尔德证明了阿多诺这段经历的真实性。实际上，最早把坚持反实用主义、反实证主义立场的传播学者称为“批判学者”的，正是拉扎斯菲尔德。

批判学派不像经验学派只是在现存制度内部寻找解决社会问题对策，而是把资本主义制度本身作为要变革的对象。罗杰斯曾经承认，经验学派和批判学派都关心传播的社会控制作用，但是两个学派关注的点并不一样，经验学派的核心课题是“如何”控制或“在多大程度上”进行控制；而批判学派则不同，关心的焦点是“谁在控制”“为什么存在着支配与控制”以及“为了谁的利益进行控制”。从两个学派不同的学术关注点可以看出来，这两个学派的社会观和意识形态立场也显然是不同的。

●批判学派的四个支流

经过一定时间的积累和发展，到了60年代以后，批判学派已经可以与经验学派相抗衡，其影响也扩大到了整个欧洲和世界传播学界。批判学派的学者研究的点不一样，所以，衍生出很多支流。其中主要的有以下几个流派。

（1）政治经济学派

政治经济学派的代表是英国累斯特大学大众传播研究中心的G. 默多克和P. 格尔丁等人。该学派的依据是马克思关于一个阶级是社会上占统治地位的物质力量，同时也是社会上占统治地位的精神力量，支配着物质生产资料的阶级同时也支配着精神生产资料。他们从经济基础对上层建筑的决定作用出发来揭示资本主义社会大众传媒支配与控制的现状。

（2）伯明翰学派

伯明翰学派又称“文化研究”学派，以英国伯明翰大学现代文化研究所 S. 霍尔、D. 莫利等人为代表。伯明翰学派继承了葛兰西、阿尔诸塞等新马克思主义者的观点，反对简单的“经济基础还原”论，主张应该从上层建筑和意识形态的相对独立性出发研究资本主义社会的大众传播。

（3）意识形态霸权理论

“霸权”这个词，原来是指国家的霸权或政治运动的主导权。而批判学派的学者把“霸权”看作是支配阶级在一定历史时期内为维护自身利益而行使社会主导权和文化主导权的能力，实现“霸权”的手段并不是通过直接的高压政策，而是通过决定国家的经济、政治和文化方向，使被支配阶级认同或从属现有的权力结构和社会关系。

批判学派学者认为，在现代资本主义社会，支配阶级维护自身的利益不再主要依靠国家、军队、法院等“强制装置”，而主要是依靠意识形态“霸权装置”。资本主义社会中以私有制为基础的大众传播制度就是重要的意识形态“霸权装置”之一。大众传媒通过日常的新闻报道、宣传和广告活动，把支配阶级的特殊利益描述为社会的“普遍利益”，其目的就是通过操作形成“同意”或“社会合意”。这其实只不过是一种“虚假的合意”，因为它掩盖了阶级支配的实质。

（4）哈伯马斯批评理论

哈伯马斯是一名德国的哲学家，属于第三代法兰克福学派的代表，是一位百科全书式的理论大家。他提出了合理的交往的理念，质疑媒介商业化，提出“公共领域”的概念。这些给批判学派分析、区分媒介发挥作用的领域提供了启示性的思路。

当然，在研究方法上，批判学派并不是一味地排斥经验调查和量化研究，进入 20 世纪 90 年代以后，经验学派也开始采用批判学派的研究视角以及辩证分析和经验调查相结合起来的研究方法，两种方法出现了融合的趋势。

第十一讲

网世界，博天下

——透视博客传播

一、博客——网络时代的传播新范式

随着微博、微信的兴起，博客似乎慢慢地淡出了人们的视野。与Google一样，“博客”可以说是Web2.0时代最具想象力、最激动人心的事物，它以互联网时代一种全新的传播范式改变着人们之间的信息传播方式。

1. 什么是博客

所谓“博客”，即WEBLOG，网络日志的简称，是Blog的中文音译。它是继e-mail、BBS、OICQ之后的第四种网络交往方式。网民可以把日常生活、时政新闻、个人观点等各类信息在自己的博客上发布，在网络上进行传播，这种传播模式使博客的主人——博主有了一个自己的媒体平台。

“博客”一出现就在传统媒体之外发挥着重要的作用，博客的传播优势最早是从突发事件中凸现出来的。在印度洋地震海啸发生时，很多印度人通过自己的“博客”发出了援助呼吁，并利用自己的“博客”根据自己的亲身经历对海啸地区的情况进行实况记录。随着博客的传播实力的凸现，《时代》周刊的记者克里斯·泰勒做出这样的预断："电台统治了30年代，50年代是属于电视的，在未来某个时刻，历史学家们也许会认为21世纪是属于blogger的。"的确，"博客"已成为美国不可忽视的一种社会现象，2004年美国权威词典韦氏词典上，搜索最多的就是blog这个词的含义。

关于"博客"的传播特征，有学者认为，博客作为一种满足"五零"条件（零编辑、零技术、零体制、零成本、零形式）而实现"零进入门槛"的网上个人出版方式，在技术层面上，已经从媒体价值链最重要的三个环节——作者、内容和读者——实现了"源代码的开放"。

在传统媒体中，作者通常都是职业的传播者。但是，博客的作者却可以是任何网民；从传播特性方面来看，传统媒体传播过程中的传者与受者之间的界限被"博客"打破了，博客传播实现传受双方之间真正意义上的双向传播，还可以进行灵活的互动、反馈、交互；此外，在传播内容上，可选择的范围更加宽广。通常使用超文本链接能够容纳多元文化和多种个性共存共生。博客的文档区分于传统网络文档的关键——链接，这是博客的生命。

传统媒体中，传受双方的界限在博客传播中完全被打破了，往往是传者提出一个议题，更多地由受众来讨论。传统媒体以“传者为中心”的传播模式也被博客改变了，并形成了“以受者为中心”的新的传播模式。博客充分显示了网络个人化和个人网络化的重要特征。博客本质上是一种由所有人对所有人进行的传播，从中可以非常清晰地看到个人传播（小众传播）在社会生活中的兴起。

2. 博客与其他网络传播方式的比较

●博客与 BBS 比较

博客被视为继 e-mail、BBS 和 IM 之后的第四种互联网沟通工具。从外在表现形态来看，博客与 BBS 帖子最为相近，当然也有不同的地方，了解它们之间的差异，可以更深刻地去理解博客这种传播形态。

（1）存在形式的不同

从存在形式上来看，BBS 的用户更缺乏独立性。BBS 的用户没有属于自己的东西，没有域名，只有一个注册后的 ID。用户虽然可以随意浏览 BBS 网站的内容，但是不能拥有它，也没有属于自己的空间，更不能自由地支配和使用，而且还随时面临因为操作不当而被版主指责是在“灌水”或被给予其他的处罚的危险。

与 BBS 相比较，博客是相对独立存在的，体现在它拥有独立的域名。一般博客可以划分为两种类型：一种是个人网站型博客，即博客用户自己购买空间和域名，拥有独立站点和独立域名，自己可以在后台运作，网络上的他人可以识别和访问这些博客性网站的网页空间；另一种是注册型博客，博客用户在博客托管网站注册后，拥有一个二级域名，二级域名也能让他人识别和直接访问自己。博主可以自由地支配属于自己的空间，此外，还可以邀请朋友们加入，开展属于自己私人圈子的“社交”。

（2）主题内容的产生和管理方式不同

在 BBS 上，主题分散在多个用户中间，任何个人用户都可以发起各种不相关的话题，主题不会受 BBS 用户个人的控制。但是，在博客中不同，博客的主题主要是由博客用户本人来决定的，博客用户提供的内容就是话题的中心。在 BBS 中，管理文章的一般只能是版主，他拥有对文章进行编辑、管理的权限，用户个人（发文者）往往并不能编辑和删改自己发表在 BBS 里面的文章（现在也有部分 BBS 提供了这样的功能）。但是，在博客上就不同了，博客用户可以自主地管理自己的文章，拥有编辑和删除自己的文章的权力，可以随意地编辑、增加、修改、删除自己的文章。

（3）交流方式不同

在进行交流时，BBS的用户一般是在注册之后，才能进行交流，否则只能是个看客；而博客用户参与交流是不用注册的，读者可以随意参与博客用户发起的话题讨论。

另外，在BBS中，用户跟帖、发表评论的文字只能在BBS所在的网站上看到，而且对于自己已经发表的文字通常无法维护。要想让他人看到自己发表的文字，就只能将这个文章的链接粘贴到别人的文章中。

博客可以通过TrackBack技术保留所有的发言记录，可以很方便地查找和任意处置已经发表的内容。博客可以发表并保存自己的东西，即使是对他人博客文章的评论也可以在自己的博客中一直保留下来。

（4）内容的组织形式不同

在BBS中，文本的组织是按照发帖的时间顺序进行的，还可以将帖子置顶，也可以按照主题对帖子进行分类整理，不过只有版主才有这个权力，普通用户是无权随意更改的。博客则不同，它以日历、归档、按主题分类的方式来组织文本，博客用户还可以自行分类文本，也就是根据自己的喜好来划分，甚至还可以将属于私人的信息隐藏起来不对外公布，只能自己看到。

从发表主题的文本组织形式来看，BBS 的内容是由一大批网友针对不同的主题在不同的时间发表的不同的看法，导致的直接结果就是这些内容的形成没有连续性，没有系统性。博客将一个人的学习过程和思维经历按时间记录下来。BBS 上的帖子是按逆时针的顺序安排的，前后帖子的话题有可能是连续的，也有可能是转换的。在 BBS 上经常出现和主题不同的帖子。因此，BBS 话题转换很快，使对单个主题的讨论内容的整合变得很困难。而博客中的不同文章可以聚焦于不同主题，由博客用户自己设定，文章之间相对独立，文章本身就是一个主题的展开和深化。文章的放置顺序和方式也是可以选择的。

（5）处理内容的态度不同

在 BBS 很多用户都是采用匿名方式留言或者交流，基本上是来无影去无踪的，用户之间的交流非常短暂，要保持长期联系比较困难。而且，这些用户的匿名特性使得他们在言论和信息传播方面不容易受到控制，常常表现得过于大胆和情绪化，垃圾信息比较多。

博客通常是用实名或相对固定的昵称。实名的博客其身份背景、思想脉络、技能特长都很容易为读者了解，用户信息处于比较透明的状态。昵称博客虽然具有匿名性，但昵称与博主本人长期维持的博客日志保持着固定的对应关系，也带有典型的个人特征，在这种情况下，博客用户在传播信息的过程中相对比较审慎和理性，一般不会出现过分的言论。

●**博客与个人主页比较**

博客与个人主页也是不一样的，它们之间的区别主要表现在以下几个方面。

（1）博客是个人主页的集中化

由于个人网站在技术水准、资金条件、维护资源等方面都有比较高层次的要求，注定了个人网站只能被少数人所拥有，但是，博客的门槛相对很低，具有很高的开放性。用户只需在免费或付费的博客网站上申请注册，就可以轻松拥有自己的博客。

（2）博客具有更多的公共性

博客具有成本低的特点，吸引了不计其数的

用户的参与。它的读者号召力、内容包容度、网络点击率绝非“独门独院”的个人网站所能比拟。假设个人网站仅仅是一对多的传播出口，其涉及的大多是有关个人的生活、事业和情感等方面的私人话题、私人创作和私人资讯的话，博客则是多对多的传播社区，在这里既有个人爱好，也有公众趣味，既有私人观点，也有群体的争论。

从上面的比较可以看出来，博客是一种既不同于 BBS、个人主页，又不同于专业化传媒组织的具有相对独立性的网络媒体。

二、博客传播：在共同平台展示凡人的生活

博客给普通大众提供了一个平台展示自己的生活，使得普通大众的媒介接触有了可以发挥的空间。

1. 博客的传播特性

博客作为一种个人媒体，其传播特性与之前的传统媒体都不一样。从传播角度来看，博客的传播特性主要体现在以下几个方面：

●传播媒介个体化

大部分的博客都是个人传播的工具，博客无论是在传播内容的安排上，还是在对网页链接的选择上，基本都是从个人的认知、兴趣和目的出发。在自己的博客上，人们完全可以做到“当家做主”。博客作者可以把自己在现实生活中的压抑、快乐、忧郁、思念等，在网络世界里进行自由的个性化的记叙和倾诉，通过这种方式实现自己与社会之间的信息互换。绝大多数的博客行为都是非组织机构开展的传播行为。这形成了博客传播的非常鲜明的个体化特征。

●传播的交互性

博客扮演的角色是集编码、译码、释码于一体的。博客的主人——博主利用自身掌握的各种信息资源，采用文字、图像、视频、音频等各种符号手段对信息和观点进行编码，之后通过各种网站平台将这些信息传播出去。博客上的受传者可以匿名在他人的博客上自由地发表自己的观点和意见，通过评论或发表文章等对看到的博客内容进行反馈和释码、译码，甚至转换角色，变成新内容的编码者。如此不断地循环往复，就会形成良性的互动传播。

此外，博客也是一个信息和意见的集散地，大量的信息和观点可以在这里自由地传递，受众可以通过超级链接功能获得更多的信息，在博客与博客之间、博客与非博客之间建立传播的介质和联系的通道。这在很大程度上突破了大众传播反馈匮乏的弱点，增强了传播过程中双方的互动性和能动性。这种以个体的主动性为前提的交互式传播，使博客有可能把个人与个人、个人与群体、群体与群体之间自发地联系起来。这种联系有可能因为内容或博客主体的某种一致性或相关性，从而形成不同的公共传播空间。Webl.0 时代的“信息共享”在博客世界变成了一种“思想共享”。通过博客，读者和信息发布者实现了真正意义上的实时互动，有时候甚至读者和编者的身份也都变得模糊了，两者之间成为真正意义上的平等的对话者。

●传播的时间序列性

一般情况下博客的网页是由简短且经常更新的文章构成的，这些文章可能会按照年份和日期排列，其时间序列性的特点表现得非常明显。在博客上，随着时间的流逝，不断会有新的帖子出现，当然网页也处在不断的更新之中，就好像出版周期的报纸杂志一样。博客的这个“出版周期”当然更自由、更快捷。

●传播的开放性和平民化

博客与高技术含量的网络控制有所不同，被称为“2 分钟上手的发报台”，是一种超级简单方便的个人网页工具。最能说明这一特性的就是它的“零门槛”的“五零”网上个人写作、编辑、出版（发表）方式。成为博客作者，只需要懂得如何使用计算机、会上网，不再需要任何其他的复杂技术，不需要注册域名，不需要租用服务器空间，不需要使用其他更多的软件工具，更不需要懂得太多的网页制作知识。这种“低门槛”使得几乎每一个人，只要通过与互联网相连的计算机，就可以建立属于自己的网页，向世界发出自己的声音。这种全新的网上个人出版方式几乎替代了传统媒体中的“把关人”，博客将信息的接受者、发布者与传播者都集中到一个人身上，各种思想可以在博客中进行充分的分流整合。

博客的出现及博客所依据的 Web2.0 技术，以及其他与此相关的新技术的产生和发展，是互联网和信息技术领域中具有革命性的创新。它的出现和发展，对人类的交流方式、传播方式乃至社会的政治经济文化结构的变化和发展产生了非常重大的影响。

2. 博客传播的模式

作为一种新的大众传播方式，博客传播将不断对未来互联网交流的模式产生影响甚至引起改变。那么，博客传播具有哪些传播的方式呢？

●博客网主页进行推荐

博客网主页运用了互联网传统新闻主网页的版式，也就是将主要的信息汇集编辑整合起来供读者阅读浏览。它的特点是密集而重点突出，起导航作用。博客也通过这种方式将分散式的个人博客主页进行编辑式的整合，这样就集中地将大众创造的资源呈现了出来，虽然呈现的并不是博客内容的全部，但却为每一个博客预留了一个顺序呈现的窗口，并带着自我更新秩序和速度。通过这种自然排序，个性鲜明和优秀的博客凸现了出来，从而也决定了博客传播的快速扩张力。新浪、网易、搜狐、博客网都采取这种传统方式来推介博客进行快速传播。这种传播带有主流文化和传统认同的推荐力量，迅速地将边缘化的博客带入主流文化的浪潮之中，同时，也对新闻阅读的方式产生了影响。第一时间报道地震或其他突发新闻事件的博客凭借这种方式获得了影响力和公信力。

●超文本链接

超文本链接是网站传递信息的一种方式，也在博客中频繁出现，是一种常见的现象。当然，博客的主人可以根据个人爱好的不同，选择不同的超文本链接。这种通过个人控制来链接的博客网址是超文本的一种固定的传播方式，是博客传播的一种主要形式。你可以经过一个著名的博客，跳跃式地看到许多与他相关的博客。这意味着点击一个博客就进入了链接世界

●博客文章转发

衡量个人博客是否成功的标志，就是个人博客中的文章的访问量与被转发的次数，这两个数量是博客个人信息被社会承认的一个象征。如果转发个人博客的是主流媒体或网络，那么博客本身的访问量会因此而大大增加，同时也会超出博客自身的影响，在现实社会中获得影响力。所以，博客传播的另一个主要形式就是借助传统媒介和主流网络的转发扩大影响力。有不少博客的博主通过这种方式获得了网络和社会的承认，尤其是一些初期写作博客的人们。当然，这种传播的成功还是取决于博客文章的质量以及它关注的问题。博客作者的博客文章以被转发和点击量而实现自我传播，完成从个性化

走向大众化的转变。

●网络搜索聚合

网页搜索的功能是非常强大的，通过搜索可以发现每一个人独特的网志内容。网络搜索技术开发了对网志的内容需求，并用聚集的形式将不同网站的博客资源进行了整合。这种聚集起来的博客传播形式，会起到阅读博客导航的作用。一个人可以通过搜索找到自己想要找的个人博客主页，还可以通过站点收藏获得更多的博客信息。

●私密人际互动交流

有些人开博客纯粹是为了和朋友们有一个聊天聚集的地方，所做的链接都是亲人或朋友。其实，这个很私密的网络互动的圈子，也是一个可以自由交流聚集的平台。他们可能会常常进行各种不同形式的交流，并且谢绝其他人进入他们的圈子的请求，甚至，他们的文章也不让其他人进行评论。这种博客的圈子使得开放性与封闭性相结合，表达了博客交流过程中隐蔽性与开放性的矛盾与问题。这种个人的极私密的小圈子的博客交流、互动，纯粹就是为个人服务的。当然，这种私密性的博客圈子的存在也是满足这些人交流的需要。任何社会都不可能取缔这样私密性的会晤与交流。这种博客的传播好像是一个完全封闭的圈子，传播更具有亲密性和隐私性，也受到了很多人的欢迎。博客中的这种私密性使博客的个性化更加凸显，实现了熟悉群体间更加活跃的交流和更加多样化的互动。

●博客社区圈子

在博客的世界中，还出现了很多博客社区圈子，它们是根据不同文化价值认同划分的。有相同价值认同的博客建立自己的网络社会，如网易博客的部落圈子，就是由一个个不同的博客群落组成的。他们之间可能有相同的爱好、信仰、价值观，是一种开放式的博客传播形态。在这样的一个网络社会中，不同博客群体自觉地结为一体，并且还会与其他的群体保持互动。

●纸媒新闻出版

纸媒发表博客上面的文章已经不是什么新鲜事了。自从新浪推出博客服务以来，纸媒报道和出版博客就构成了一道风景。新浪也用了专门的版面来转载纸媒出版物对博客的系统报道。这种使博客走出网络向现实社会靠近的做法，是利用传统媒介来传播博客的主要手段之一。当然，这其实是主流社会文化对博客的一种认同。只有通过这样的传统方式的宣传，才能进一步加快博客大众化的过程。总之，从网络中走出来寻找现实肯定的道路，是纸媒介对博客传播的一种强有力的推动。它起到了加速网民对博客快速认识的作用，也将博客文章从虚拟的网络中的电子文本转换成为现实可读的出版物，这是虚拟与现实进行双重传播的一种形式。

●评选竞赛宣传

博客评选和竞赛也是一种扩大博客影响的传播方式。新浪、搜狐、博客网曾先后推出博客大赛，使博客的传播处于井喷式的态势。通过具有广泛影响的比赛来推动博客宣传，是博客传播的一个有效的手段。

博客作为中文网页雪崩式增长时代的一个自媒体，自然而然会创造很多信息的无序增长。不论这些是垃圾信息还是有用的信息，通过比赛能够发现更多的优秀博客，也会创造性地发现一些更具有时代特性的博客。竞赛或者评选活动通过树立榜样博客，为人们创造一种博客文化，在精英与草根博客中发现未来社会的需求。通过各种不同的博客大赛来推动整个博客精神与文化振兴，这种由点到面的传播会带动整个博客世界的健康发展。

●名人明星传统

名人明星入驻博客对于博客的发展起到了巨大

的推动作用。其实，在博客初期的传播过程中，要是没有名人和明星的参与，就不可能掀起关注博客的浪潮。明星入驻博客，虽然首先吸引人的是明星本人，但是，传播必须借助于成熟的传播渠道，才可能抵达一个传播的高潮。任何一个草根博客，都希望自己的博客能像名人和明星的博客那样获得传播的成功，但是，如果仅仅是为传播而走上传统的博客之路，是不会推动博客向前发展的。因此，传统名人和明星博客只是一个暂时性的阶段。

3. 博客现象的传播学意义

博客作为一种全新的传播方式，随着它的不断发展，给传播格局带来了哪些影响？在传播学上有什么意义和价值呢？

●拓展了获取信息的渠道

从独享到共享，博客改变了传统意义上的个人日记的传播方式。以前，记日记是一个封闭自我的独享，是一种原始的自我传播。因为博客的出现使得这些独享的内容能在更大的范围内让读者知晓和转发，甚至分享，成为了网络上大家都可以分享的猎物。像博客一样的分享的态度是网络上存在的一种普遍的价值态度。关于这种现象，美国互联网专家帕金斯曾说："互联网对媒体业产生的主要影响就是迫使媒体变得越来越趋于与人分享和参与。"而博客赖以存在的基础恰恰就是分享。博客的作者们发布网络日志，通过多媒体的形式将个人的工作、学习、生活等私人的内容全方位地展示给大众，在这种"网络互识"的过程中，自然就将现实世界中无可比拟的丰富和精彩展示无遗。

除了"分享"以外，博客的"博"字也是博客的生命力，也就是说博客还需要有大量的博客作者存在才能保证博客的旺盛生命力。当大量博客作者以自己的网页组成共同主题时，无数的分享便构成了一个共享。每一个共享都是基于分享的，如果没有人站出来分享便不会有共享出现，但共享比起分享更加具有整体性和理想主义的色彩，这在观念上可以说是前进了一大步。因而，在博客信息空间中就出现了一对矛盾关系——个性化与共享性。

事实上，共享的意义不只活跃于博客之间，还存在于博客与传统媒体的互补之中。对于传统媒体，善于利用博客是一个相当不错的补充传播手段。博客的出现，在一方面无疑增加了一条公众获知信息的渠道。其实，我们大家都会发现越来越多的一手资讯首先由博客发布，而且还成为了传统媒体获取信息的一个重要来源。另一方面，针对对方所报道的内容，博客和传统媒体都可以互相去验证对方报道的内容是否真实可靠，并挖掘相关内容的深度、广度，延续对方的报道。

●挖掘人们主动传播的愿望

自从进入网络时代之后，人们对信息的参与方式一直在发生着变化。从读到写，再到编辑角色的转变，使个人对媒体的影响逐步增强，很多人早就有了主动传播信息的愿望，早就想要改变过去那种被动地阅读信息的习惯，这种潜力被博客挖掘了出来。

第一次博客作者“真正拥有”了自己的读者。这里的“真正拥有”是什么呢？我们可以这样说：如果你写了一篇文章发表在网易的某一个板块，有很高的访问量，还有很多的留言，只能说明网易的读者很多，而不是“你”自己的读者。但是在自己的博客发文就不一样了，每一个访问者都是“你”自己真正的读者，也就相当于博客就是你自己的一个小小的媒体，所以，博客也被称为自媒体。这是完全不同的心理交流，所以，自己博客里的一条读者留言可能会比其他地方的100条留言更让“博主”在意。

编辑、作者和读者的关系在博客的世界改变了，实现了编辑与作者的完美统一，博客作者成了自己文字的“主人”。那种某个网站怕得罪广告客户不发你的文章的事情将不再会出现了，那些违背你的意愿肢解、修改你的文章的事情也将不再出现了。同时，博客可以超越自己个人的局限性，把整个互联网作为自己的资源，把博客作者看到的所有好文章、好知识链接到自己的博客，还可以站在别人的肩膀上评点和批注。一个博客作者视野范围内的好东西，都可以成为能利用的资源。

●改变单一线性的传播格局

从传播学的角度来看，改变传统的单一线性的传播格局是博客的一个最重要的功绩。也就是说，博客探索和拓展了网络的潜在可能，实现了个体的公众化。

其实，博客所完成的这个让个人从个体转变成公众的过程是一个社会化的过程，要实现首先需要一个空间。正如有的学者所说的，“公共领域是由汇聚成公众的私人场所组成的，他们把社会的需求传达给国家，但本身又是私人领域的一部分。伴随着公共领域的发展，个体向公众的转变已经越来越依赖于大众传媒。”但是，我们前面已经讲述了传统的大众传媒的传播方式是一种点对面的传播，预设了自己的受众群体，同时，被动接收信息的一方也被预设了，他们构成的是一种单向的直线型的传播。在这个直线型的传播过程中，还要接受传统媒体“议程设置”理论里面所说的由“守门人”设置的道道关卡。就这样通过点到面的传播，大众传媒有效地把个体变成了单向接受的受众。但是，个体自身并不想仅仅做受众，要想成为真正的公众，还取决于个体对社会的参与程度。

网络一出现让个体看到了机会，“迅疾性”和“分散性”是网络的显著特点。由于网络信息发布点的多元化，从而实现了从“点到面”传播到“面到面”传播的飞跃。所以说博客的“诞生”使信息的“发布平台”更加“个体化”“平民化”，从这个面到另一个面，从这个网站到另外一个网站。在博客这个自主的世界里，个体的社会参与性也大大加强了，从此之后，个体已经成为了名副其实的公众。

●互联网的文化内涵得到提升

互联网的文化内涵随着博客的出现而得到提升。正如方兴东在《博客宣言》中所写的：“互联网的出现，从根本上解决了人类信息稀缺的问题。面对信息海洋，人类不得不面临另一场新挑战。那就是超越信息，将信息转化为知识。”博主可能来自不同的领域，并从自己所在领域的专业视角出发，把每天产生的大量相关信息进行整理和摘选，形成一种专业性、有浓度的信息，把这些信息提供给对这一专业领域感兴趣的访客浏览和使用，避免了他们陷身于信息迷雾之中而不知所措。

有人说，博客出现之后，互联网的文化内涵、知识价值开始真正地凸现了出来，也标志着“信息共享”向“思想共享”发展。

三、博客应用：虚拟公共领域的力量

最初，博客只是一种个人表达的手段，但是随着发展，它产生的社会影响越来越广泛。于是乎，博客与专业新闻传播之间产生了越来越密切的关系，利用博客来补充专业媒体的新闻报道也成为博客网络互动的一种重要方式。

1. 博客个体介入新闻传播的方式

尽管博客的主要功能几乎与专业新闻报道无关，事实上，以新闻报道为职业的博客也是微乎其微。但在现实中，越来越多的博客作者在自己的博客活动中有意或无意地参与到新闻传播活动中去了。博客作为个体介入到新闻传播的方式也是多种多样的。

●介入新闻报道

博客介入新闻报道的方式五花八门，最主要的方式包括两种。

（1）新闻线索的提供

由于博客作者分散在各个地域、各个阶层、各个行业，往往能直接接触到一些突发事件，因此，他们成为发现新闻的一种敏感的“触角”，为媒体的报道提供相关的线索。例如，2005 年 11 月 26 日 8 时 49 分，在九江、瑞昌区域发生了 5.7 级的地震，这次地震的余震波及到了南昌、宜春以及湖北、安徽、湖南、江苏、浙江等地区。

这次地震没有官方的预警。对于这一突发事件，传统的媒体不是第一个做出反应的，第一时间做出反应的是博客。地震发生后的 9：04，博客网上武汉的一个名叫“寻找东海岸”的博友发出了这样的消息：“2005 年 11 月 26 日 9 时整武汉发生地震，有较强震感。”他的这条博文成为了公共信息平台中有关这次地震的最早的消息。传统的专业媒体是在 15 分钟后，才做出了对这一事件的报道。

（2）多角度记录新闻事件

每个博客对同一个新闻事件接触的点可能不同，感触也是不一样的，因此，博客可能对新闻事件进行多角度的记录。英国伦敦 2004 年 7 月 7 日发生多起爆炸事件，这些事件被网民在博客上进行了多角度的展示。当时，有很多网民利用手机拍摄到不少爆炸现场的照片，将它们传到网上，这些照片从不同的角度反映了爆炸现场的情况。“Flickr”是当时全球最好的图片博客网站，它们集中了几千张博客拍摄的现场照片，这些照片从不同的角度反映现场，给人以强烈的身临其境的感觉。

其实，第一张反映整个爆炸过程的即时照片也是由非专业记者拍摄的。他就是现场目击者之一亚当·斯塔西。当时他在 King Cross 地铁站内，不停地用手机拍摄当时现场的情况，并将照片发给他的朋友阿尔菲·丹恩。丹恩将这些照片发到了博客网站上面。在此后的几个小时，斯塔西拍摄的第一张照片已成为了各大电视网竞相播放的新闻画面了。

手机、数码相机、数码摄像机、数码录音笔等设备的普及，使得普通人能够更加及时和方便地采集到新闻素材。当然随着互联网络的发展，博客出现也为这些新闻素材的发布提供了平台。

文字是博客除了照片、视频等手段外，记录新闻事件的一个重要方式。在中外博客中都有所体现。例如，美国的“9·11”事件，印度洋大海啸，中国2008年的汶川大地震等突发灾难发生之后，有不少博客用文字真实、生动地记录了灾难发生现场的情形及人们的感受。博客提供的这些第一手材料，为人们了解这些灾难事件提供了宝贵的资料。

尽管一般情况下，博客的报道不会像专业媒体的报道那样专业，但是，它们往往会涉及一些专业媒体报道中不会涉及的视角或细节内容。这与博友在新闻现场的位置、观察视野以及个人的价值判断有关。这种多角度的报道，不仅可以弥补专业媒体在新闻素材采集上的不足，也为受众提供了更为鲜活、更为直接而丰富的信息内容。

●**参与新闻评论**

当然，并不是每个博客都能够身处新闻的第一现场，而且即便不在新闻第一现场的博客也并不是不关心新闻事件。同时，由于相关政策的限制，博客也不便涉及一些特定领域。因此，与原创的新闻相比较，博客更多的是以新闻评论的方式参与新闻报道。

博客参与新闻评论的形式，通常有两种。

一种是偶发的新闻评论，也就是说博客根据自己的兴趣发表一篇新闻评论，并不具有规划性。在一些重大事件或特别事件发生时，很多博客会做出反应，利用博客平台的这种便捷手段来发表自己的意见，表达自己的态度。这些评论反应非常迅速，针对性极强，意见多元。其中就有一些评论可能会产生重大的影响。

另一种是将评论作为自己博客的特色，长期发表评论。他们可能重点关注某一个特定的领域，例如，有一个名为“KESO”的博客作者，其博客“对牛乱弹琴”就是以IT业的评论为特色。由于其视野开阔、信息丰富、见解独到，已经形成了广泛的影响力。在网络世界中，类似这样的博客越来越多。

这种以评论见长的博客，就像是网络空间里面的“意见领袖”，在局部或大范围内会影响网络意见的走向。

●新闻整合

新闻整合也是博客参与新闻报道的一种常见方式。对于博客作者来说，不是总有新闻被遇见、被报道和评论，有时候他们还会将自己感兴趣的新闻转发在自己的博客上，将各个不同来源的新闻稿件进行整合，里面会融合自己对社会环境与新闻事件的理解。这种整合中包含了博主的价值判断，而这种价值判断又会在一定程度上影响到博客的受众的认识视野与角度。所以说，博客参与新闻活动的另外一种方式就是进行新闻整合。博客的这种整合新闻的行为类似于专业媒体的编辑的行为。

因在网上首次披露“克林顿性绯闻”案而闻名的美国博主麦特·德拉吉，“德拉吉报道”便是以新闻的整合为主，原创新闻只占一小部分，大部分新闻仍然是来源于传统媒体，特别是主流媒体。在写作博客时，德拉吉具有强烈的编辑意识，他不仅仅在选择新闻，还要进一步对新闻的重要性进行判断，通过博客的版面语言来表明自己的倾向性。当然，这种倾向性具有强烈的个人色彩。

在博客刚刚出现的时候，有人曾经这样来评价博客：“博客吃的是信息的草，挤出来的是信息的奶。”也有人称博客是“人工搜索引擎”或“专家过滤器”。其实，人们对博客的这些称呼都较好地揭示了博客在信息整合中的作用。

这类导航式的博客的出现正是满足了人们对这类信息的需要。当今，我们生活在一个各种各类的信息包围圈中，这些信息让人们眼花缭乱，让越来越多的人感觉不堪重负。他们需要获取信息，更需要有人为他们在信息的海洋中去粗取精。当然这是专业新闻网站的一个主要职责，但是，专业网站的力量毕竟是有限的，并不能触及每一个地方，所以说，从事信息整合工作的博客在一定程度上确实可以起到辅助的作用。

2. 博客的社会影响力

从前面的论述可以看出来，博客作为一个网络自媒体，对整个社会产生了影响。综合说来，主要体现在以下两个方面。

●对传统媒体产生的冲击力

尽管博客只是一种“个人媒介”，但还是不能阻止它对现有的大众传媒带来巨大冲击。作为一种新兴的网络传播方式，博客对传统的大众媒介产生了影响，也带来了很大的挑战。

博客在这方面的优势在很多事件中都充分显

现出来。其中，克林顿性丑闻事件就是一个很好的例子。德拉吉在 1998 年 1 月 17 日深夜在他的博客网站上发布了克林顿和莱温斯基的绯闻，因此成为世界上第一个报道这件事的人。在整整半年时间内，德拉吉的博客引领了美国的“舆论导向”。其实，已经有媒体在德拉吉发布这个消息之前就已经知道了这个事件，迫于压力并没有发布这个消息。但是，博客不同，博客的监管相对松散，言论更加自由，顾虑也更加少。在此之后出现的“9·11”事件，大量的博客作者在网上发表了自己的见闻、事件中人们的反应，这些都一再重现了博客的影响力。

博客的影响力及其对传统传媒的挑战体现在以下几个方面。

（1）为传统媒体提供信息来源

很多博客的内容都成为传统媒体重要的信息来源。由于博客用户不受诸多政治、经济和文化禁区的控制，经常会爆出轰动性的“猛料”，使传统传媒不得不对其信息进行追踪报道。伊拉克战争期间，在互联网上出现了一个神秘的人物——萨利姆.帕克斯。他也是一个博客作者，从 2002 年 9 月开始一直撰写并张贴有关巴格达局势的文章。有成千上万的人每天都去登录互联网搜索他的网络日志，这是因为他的博客记载了战火之下、围城之中的巴格达的最真实的生活，有细节有详情：有关于人民生活的细节，比如西红柿的价格；也有关于战争形势的详情，比如炸弹的威力。这些信息内容真实而且非常丰富。萨利姆.帕克斯从巴格达向世界发送的报道，比 CNN、半岛电视台的报道更加鲜活、人性，吸引了各大媒体竞相转载。

（2）为传统媒体的报道提供延续

有些博客网站还专门将各大媒体的报道汇总整理后制成链接群。这是对传统媒体报道的又一次整合，也是对这些报道的延续。有些在传统媒体上没有充分展开的话题，在博客网站上可以作为专题继续进行讨论。

（3）成为专业记者稿件的出口

在博客上，很多即便是第一时间发表的文章也有可能是专业作者的作品，或者说是专业作者提供的线索。他们迫于各方面的压力不敢在传统媒体上发表。比如说，1998 年发生的克林顿性丑闻案，虽然这一消息第一时间是由博客网站上“德拉吉报道”发出的，但是这一消息的原创者却并非德拉吉本人。这个信息最早是传统媒体《新闻周刊》

的记者迈克尔·艾西科夫提供的。这条新闻是迈克尔·艾西科夫平生"逮住"的最大的一条新闻，但是，在见报前几个小时被《新闻周刊》的高层给扼杀了。最后，博客网站成为了这条资讯公布于众的一个非常重要的窗口。

●会形成强大的舆论

博客对传统媒体的影响力还体现在博客能形成强大的舆论，甚至还可能会对政治产生影响。这主要是由于博客的技术特点决定的。博客出现以后的现实情况也证明了这一点。例如，2006 年 2 月 15 日，广州华南新城业主李刚被殴打并最终导致脾脏被摘除这一事件，在当时有多家媒体都及时进行了采访，但是不知何种原因一直没有媒体报道出来，最终，还是有博客在网上将这件事情披露了出来。有一个名为"华南新城恶性暴力事件记"的主题帖，在事件发生之后一周的时间出现在天涯论坛上，很快就有 3000 多个跟帖，阅读量达 30 万人次。事件发生一个半月后，也就是 2006 年 3 月末，中文门户论坛天涯论坛、网易论坛、新华网发展论坛，仍时时可看到讨论这一事件的帖子，仅上述三个论坛上涉及此事帖子的总阅读量已经突破 500 万人次。不仅如此，李刚家里还经常接到来自各地的慰问电话，甚至还有来自韩国、加拿大、澳大利亚的。这些慰问者都表示他们是从网上了解到这起事件的。在各网友的大力支持及网络的影响下，这件事的影响不断扩大，最后传到了中央电视台。中央电视台对这件事做了如实的采访和报道，最后终于给李刚讨回了公道。由此可见，博客传播对舆论的影响之大。类似的事件很多，它们都是先经博客的手，才让我们普通大众在电视、报纸上得以知晓。从中我们不难看出博客在形成舆论方面的强大威力。

不仅如此，博客还能够形成很强大的公共舆论，对政治产生巨大影响。在 2004 年的美国大选中，这一点就表现得很充分，博客成为竞选双方进行宣传的有利工具，也成为选民对候选人进行质疑的一个重要手段。

当时参与竞选的两位候选人克里和布什都有自己的官方博客网站。其中，克里的博客名为迪克贝尔（Dick Bell）。他的博客的主要内容是赞扬克里并反对布什。尽管布什的官方博客没有留名字，但是其官方博客的主要内容与克里的差不多，也多是赞扬布什并批评克里。在选举活动正在如火如荼进行的时候，博客向大众揭露了一则丑闻。丹拉瑟是

CBS 电视台的一名老牌记者，他根据一份伪造的备忘录，发布消息指责布什利用家庭关系于 20 世纪 70 年代在得州国家空军卫队享受过特殊待遇。查尔斯·约翰逊看到这个消息后对这件事情展开了相关的调查。在证据充足的情况下，查尔斯·约翰逊在自己的博客上公开指责了丹拉瑟伪造证据。这件事对大选产生了巨大的影响，使得共和党在这场较量中占据了上风，自然也成为 CBS 的一桩丑闻。

很多事件都一再证明，作为一种网络传播方式，博客能够形成强大的力量，对现实生活产生巨大的冲击力。这是公共舆论的力量，而这种公共舆论只有在公共领域中形成和发展才能充分发挥它的力量。博客的技术特点决定了它能成为当今比较理想的公共领域，利用“人人为传播者”的传播方式为公众的意见抒发提供理想的场所。

3. 博客应用中凸现的问题

作为一种新的网络传播手段，博客对社会产生的影响力大家已经有目共睹。当然，在实际应用的过程中，也凸显出一系列值得关注的社会问题。

●涌现出了大量冒名博客

博客在改变以往的传播方式方面发挥了积极的

作用，使普通的网民从被动的消费者转变为积极主动的消费者，从被动接受的受众转变为积极主动传播的公众，使每个个体都能够更好地发挥自身的主观能动性。这是博客好的方面，但是与此同时，由于博客进入的低门槛条件，在网上涌现出了大量的冒名博客，并因此带来了许多社会问题。很多人冒用名人的名字开通博客。早在2006年，就有人用贾平凹的名字在新浪开通了博客，作家贾平凹知道后，不得不在新浪网发表紧急声明，称自己还没有学会上网，更没有开通任何博客。同样被冒名开通博客的还有央视著名主持人尼格买提，他也不得不公开发表声明，劝诫对方“到此为止”。

层出不穷的冒名博客，造成了恶劣的社会影响，就在2010年2月1日，国足主教练高洪波也因为冒名博客事件，不得不站出来公开发表声明，称自己从未在任何网络上开设过任何的博客。这个冒名博客的首页上醒目地写着“我和足球一起浴血——高洪波官方博客”的字样，还发表了大量所谓高洪波点评比赛的感想之类的文章。

●博客内容公信力不足

在博客空间中，言论是高度自由的，而自由从来都是一把双刃剑，博客自然也不例外。博客在给大众提供一个自由交流的公共平台的同时，也让一些人有机会利用博客去泄露他人的隐私，进行诽谤甚至开展诈骗活动。在博客中传者和受众是合二为一的，传统意义上的“把关人”几乎不存在。现实社会中，人人都是可以成为博客作者的，没有人“把关”博客内容，其真实性仅仅取决于博客作者本人的素质。如果博客的博主素质高，会力求内容真实客观。否则，就可能会出现一些不负责任的言论，甚至为了吸引眼球而故意发表偏激虚假的消息。与传统媒体相比较，博客也没有传统媒体的监督和审查体系，这就使模糊的事实甚至谣言得以迅速扩散。博客诞生之后，谩骂、裸露、情色、隐私、窥视与被窥视等现象就没有停止过，发布虚假信息的情况也相当普遍，博客为垃圾信息的泛滥提供了土壤，使之广泛传播开来，对社会产生了极其有害的影响。这些都极大影响了博客作为信息传播工具的公信力。曾经有一项调查显示，在对全球 16 个国家的 27 000 名受访者的调查中，信任博客消息的仅占总人数的 1/10。随着博客上诸如侵犯知识产权、泄露个人隐私、诽谤甚至诈骗的情况越来越多，出现了一系列的法律纷争。

由于博客内容缺乏公信力，也间接削弱了博客的舆论监督功能。缺乏公信力的博客难以凭博客自身的力量引导舆论。博客传播要真正起到影响政府决策的作用，还必须借助于大众传播和人际传播这两个中介环节，也就是说在博客上探讨的话题只有在引起大众传媒的注意并被公开报道、获得了社会成员的公开支持时，才可能对民主政治产生积极影响。

●网络暴民接二连三

博客发展初期，程青松、鸿水等一批网络名人的博客接二连三遭到网民谩骂围攻，迫使这些博客名人不得不联合起来在网络上发表声明，回应这些恶意的人身攻击。这些名人被炮轰的原因是他们在自己的博客中发表了一些对其他明星负面的评论。仁者见仁、智者见智的娱乐讨论却招来他人污言秽语的侮辱，作为当事人的鸿水直言不讳地说："太多的明星粉丝已经蜕变为网络暴民！"

曾经在网络上造成不小轰动的"韩白之争"也是这样一种情况。文学评论家白桦在自己的个人博客上发布文章，认为"80后作家"写的东西还不能算是文学，只能算是玩票，其中一个理由是他们很少在文学杂志亮相，文坛对他们不了解，他们"进入了市场，尚未进入文坛"。韩寒作为80后作家的代表，听说之后非常愤怒，在博客上也发布一篇题为《文坛算个屁，谁也别装逼》的文章，提出“文学不文学，不由文坛说了算。文坛只会拉帮结派，害死文学”，回击白桦的博文。韩迷们更是对白桦的博客进行口水围攻，白桦的博客不得不关门谢客。另外，鸿水曾在博客上点名批评马天宇才艺不佳，结果立刻招来了500多位“羽毛”（马天宇的粉丝）的疯狂回击，其中相当一部分就是单纯的“脏话帖”。更令人瞠目的是，还有网友以威胁、恐吓的方式，宣称对方必有性命之忧。有同样遭遇的还有著名乐评人程青松，只是因为他说了一句“不喜欢看马天宇唱歌”之类的话，被“羽毛”围攻，不得不关闭了博客的“评论”功能，拒绝一切网友的回复。

如果说娱乐事件尚且难分对错，一家之言引来反对之声还情有可原的话，那么，对于那些已经确定了的事实，那些已经明摆着谁对谁错的情况，在网络上也会遭遇被围攻、被辱骂的情况，这就太让人惊讶和费解了！其中有关郭敬明的“抄袭门”事件就是一个很好的例子，这本来是一件已经盖棺定论的事情了，然而，当初的原告庄羽一直没能摆脱小四迷的围追，只要庄羽一发表新的博文，立刻就会有郭敬明的粉丝开骂，且全都是侮辱性的文字，对此庄羽只能表示无奈。也有人发出了这样的感慨：“原本是一个正义的胜利者，如今却变成了一只过街老鼠，这些孩子的是非观到底怎么了！只凭个人喜好，不论黑白是非，甚至连最基本的常识都没有，这些疯狂的粉丝真令人担忧！”

●博客监管难度极大

尽管我国正在积极完善互联网安全保护的相关法律体系，但是，目前互联网信息安全管理仍然存在诸多问题，例如，互联网信息安全管理机构繁多、条块分割、多头管理、政出多门、职责分工不清晰；统一的信息安全法律法规缺乏，管制法规缺乏权威性，管制机构的管制方式存在非规范性；网络信息提供者的信息安全责任不清晰，权责的不对称等；企业、机构及用户的网站以及系统疏于信息安全管理等。

传播学十二讲

Communication Science

第十二讲

微时代，大变革
——轻松玩转微传播

一、微传播，微时代

微信、微博、微幸福、微小说、微生活等，随着科学技术的不断发展，不知道从什么时候开始，“微”已经成为了我们这个时代的一个标志。我们的生活进入了微时代。所谓微时代，是以微信息、微社区、微媒体为主要信息处理方式的时代。

1. 什么是微传播

人与人之间的距离随着互联网的出现、发展而不断地缩短。即便是身在地球两端、相隔万里的人也可以通过网络很方便地进行面对面的沟通。掌上电脑、手机等方便快捷的小型高科技，已经渗透到我们社会生活的诸多细节，引起信息的传播方式和手段出现革命性的变革，对于现代人来说，微传播已经是一种生活常态。

微传播有广义与狭义之分。广义的微传播是指以微博客、手机短信、彩信、飞信、QQ、MSN、户外显示屏、出租车呼叫台等为媒介的信息传播方式。狭义的微传播是以微博客为媒介的信息传播方式。以微博客为媒介的微传播是去中心化的裂变式多级传播模式。

“微”是微传播的一个核心特点，也就是说传播的内容是“微内容”（一句话、一个表情符号、一张图片等）；传播体验是“微动作”（通过简单的按键操作、鼠标点击就能完成选择评价、投票功能）；传播渠道是“微介质”（手机、平板等介质）；传播的对象是“微受众”（小众、对象性传播，相对于大众而言）。微传播作为一种全新的传播方式，集合了自我传播、人际传播、组织传播、大众传播等传播形式的特点，在网络平台、手机软件等去中心化和反权威精神的基础上，融入了个人性、即时性、互动性，将微博、微信打造成为了信息交流的平台。

如果说互联网是对传统媒体的一次革命，那么，微时代的各种产品就是对互联网的一次革命。这次革命中，信息的方便获取和简便传播，成为了一个重要特征。3G的普及，4G时代的来临，使得信息的传递更加方便、快速。借助掌上电脑或智能手机，人们可以方便、快捷地传递“大块头”的信息。以微博、微信为例，人们可以借助手机，将信息以图片或文字，甚至语音的形式传递出去。在此之前，人们的信息传递模式还局限于邮件、BBS和博客等载体。

各种新兴互联网应用的出现，让信息以碎片的方式进行传播，人们可以随时随地进行传播，不再受到时间、空间的限制。这种“碎片式”传播，也是互联网“微时代”的一个重要特征。

2. 微时代，微传播

生活在现在的人，拿起手机随时都可以看到最新的各种消息，可以“拍照、发微博、发微信”成为信息的传递者，当然，也可以去网站或者报纸期刊上面了解事情详细的来龙去脉。

现在我们有了手机、互联网，有了微信、米聊，甚至可以随时视频通话。不久之前，我们还在质疑尼葛洛庞帝的《数字化生存》太过遥远。然而似乎只在一夜之间，网络数字时代就已经走进了我们每个人的生活，许多人的生活也随之被改变。随之改变的是不断加快的生活节奏，而“微时代”的来临，更让我们每个人的角色都发生了转变。

在各种媒体上，在我们的生活中，涉“微”的新词语层出不穷，真可谓只有想不到的，没有不能“微”的，如下表所示。

表 12-1 新“微”词一览表

名称	内容
微外交	指利用微博开展外交活动。“驻华使馆打微博牌，‘微外交’时代来临……美国驻华大使馆喜欢‘晒家底’……发布的微博数达 1432 条。而 2009 年开通的英国驻华大使馆微博，则青睐网络实时播报。”
微政务	全名叫作“微博政务”也称“官博”，指利用政务机构的微博。“4 月 22 日，复旦大学舆情与传播研究实验室发布的我国第一份《中国政务微博研究报告》显示，截至 2011 年 3 月 20 日，在新浪微博、腾讯微博、人民微博三大平台上进行实名认证的全国政务机构微博有 1708 个，广东省政务微博的开通数量超过 1000 个。”
微访谈	即通过微博进行访谈。“微访谈中很多腐女提问，问题都是诸如‘对四爷来说，是若曦（女主角）重要还是十三弟重要’‘十四弟对八爷真的很维护啊，是真爱吧’之类暧昧的问题。演员们也不遗余力地‘卖腐’，答案十分讨好腐女。”
微小说	指用微博写的小说。《羊城晚报》上连载了温瑞安的“微侠”小说，网易上有“微推理小说”，大致跟写作篇幅短小精悍也有关。

续表12-1 新“微”词一览表

名称	内容
微文明	一是指每个人力所能及地从点滴小事做起，聚沙成塔，个体的点滴文明合起来就是城市的文明风尚；二是指充分借助微博等新兴媒介传递文明。 “微文明”也可理解为“V（we）文明”，也就是“我们文明”。“五四青年节，张广宁号召羊城青年微文明，微博刊登其公开信反响热烈，广州市今天开展各类相关主题活动。”
微信	在2011年1月20日，腾讯公司推出一款为智能手机提供即时通信服务的免费应用程序。微信是一款可以通过网络快速发送语音短信、视频、图片和文字并支持多人群聊的手机聊天软件。 用户可以通过微信与好友进行形式上更加丰富的类似于短信、彩信等方式的联系。 微信软件本身完全免费，使用任何功能都不会收取费用，运用微信软件时产生的上网流量费由网络运营商收取。
微旅游	就是短途旅游。“随着今年中秋节、国庆节的到来，一种时间短、距离近的‘微旅游’悄然兴起，一些旅行社也打出‘减压微旅游’的广告语，推出短途高品质旅游产品。”

续表12-1 新“微”词一览表

名称	内容
微表情、微反应	就是根据人的脸部的“微表情”（细微的表情）的反应来判断人的心理活动的真伪。 “陈浩民这次显然前期准备不足，后期发挥过度呀，痛哭流涕容易让人出戏，有没有想请微反应专家姜振宇登场，解释哭声的真与假。”

此外，在媒体上开设微博（选登）专栏叫“微专栏”；在微博上被热议的一些社会焦点问题叫“微热点”或者“微焦点”；通过微博征集话题、文章、计划、方案、物件等叫“微征集”，征集来的东西有“微段子”“微观点”等。

二、微博：微时代的领航者

1. 什么是微博

不可否认，我们已置身微时代。而微博，不仅是“微时代”的一个典型产品，而且是这个时代的一种很具代表性、很有影响力的新生事物。人们可以通过微博发布信息，交流思想，甚至影响他人。

在微博上，兴趣爱好相同的人结成了一个个社交圈子，可以通过一个个圈子不断地扩大影响。

●微博的含义

微博，即微博客的简称，是一个基于用户关系的信息分享、传播以及获取的平台。用户可以通过WEB、WAP以及各种客户端组建个人社区，更新的信息只需要140个左右的文字，并因此实现信息的即时分享。

微博和博客、论坛、视频、新闻和电子邮件等网络舆论载体相比较，有着极其与众不同的特点，它改变了以往传播方式的传播路径、人际交流方式、人类的社交圈子。因此，微博与博客营销的本质区别为：博客可以依靠个人力量，而微博则要依赖传播者所拥有的社会网络资源。

关于媒介的更新换代有这样的预言出现，比如，笔记本出现时，有人预言它会彻底取代台式机，后来，上网本出现时，又有人预言笔记本会被它取代。然而一切似乎都没有发生。事实上，产品形态的变化一直都围绕着用户需求和兴趣，而互联网应用的变化也是如此。以新浪为代表的新闻门户网站，随着微时代的来临，也不失时机地向“微媒体”进行了华丽转身。当然，对于新浪而言，微博不仅仅是一个新闻载体，还是一个进行创新新闻的平台。

新浪微博也和之前的博客平台一样，在经营上走的是名人路线。经过多年的积淀，新浪不仅积累了众多的媒体资源，还与名人保持着良好的关系。现在，打开新浪微博看看，处处都是名人：知名影星和艺人。此外，全国各地的其他媒体也纷纷入驻新浪微博。当然，新浪微博也不负众望，其影响力已经在一些新闻事件中得到了充分的展现。甚至一些媒体从业者还把新浪微博变成了一个“微媒体”。

●微博的流行

微博，本身只是互联网的一个应用，但与新浪这个新闻门户平台的嫁接，使微博变成了一个“微媒体”。

微博与传统互联网应用相比较，最大的不同在于它超低的门槛，任何人只要愿意几乎都可以入驻。它的这一特点使之成为未来互联网的一个主流应用。只要你会发短信，你就可以玩微博；只要有手机，你就能更新微博。

曾经，微博成为了一个使用率极高的互联网应用平台，不仅如此，它还是一种流行。曾经“今天你微博了吗？”这短短七个字就像“今天你吃饭了吗？”一样成为了人们之间最流行的问候语之一。同时，微博的使用数量从它诞生之日起，就以一股势不可当之势暴增。它就好像一夜成名的“草根明星”，面对它的迅速走红，人们褒贬不一。但是可以套用一句微博上的经典流行语来形容：无论你微或不微，微博控就在那里，只会增不会减。

2. 微博的传播特点

微博一出现就迅速发展，呈现出爆发性增长趋势。2007 年，第一个中文微博网“饭否”出现，随后，嘀咕网、叽歪网、139 说客、百度贴吧、新浪微博、搜狐微博、网易微博、腾讯微博等相继出现。从传播学角度看，微博具有以下几个特点。

● 传播具有即时性

微博的传播速度可以说是及时传播，固定互联网和移动互联网之间的限制被微博打通了，实现了电脑与手机的终端融合，在内容的传播速度方面远远超过了其他媒体。微博这种小型化、随意化和无限制的传播手段，让其更容易被所有人便捷地利用起来。

微博最具革命性的意义是和手机的无缝结合。

这一创举让博主摆脱了电脑硬件的束缚。注册一个微博账户就可以成为微博用户，然后可以免费绑定手机。如此一来，只要有手机信号，无论在哪里都可以随时随地、随心所欲地去更新、阅读微博。“微博 + 手机”，让传播一切成为可能。

微博网站强大的即时通信功能，通过 QQ 和 MSN 直接书写，在没有网络的地方，只要有手机也可即时更新自己的传播内容，所以，可以第一时间将发生在自己身边的事情分享出去。微博上的时效性很强，基本上三天之前发布的信息就可能很少有人会再去问津。同时，微博的传播渠道除了相互关注的好友（粉丝）等可以直接浏览之外，还可以通过好友的转发向更多的陌生人群传播，因此，是一个快速不断向外传播简短信息的方式。

另外，微博在语言的编排组织上更加地简单，要求没有博客那么高，只需要能够看得懂就行，可以只言片语，并不需要长篇大论，更新起来也更加方便。

●传播内容具有自主性

微博不仅是一个传播平台，更是一个内容自创的平台。在这里人人都可以成为内容的制造者、见证者、传播者、评论者。因此，如此说法一点都不夸张：如果个人能好好地经营微博的话，就等于自己拥有了一个媒体。从理论上来看，在微博的世界里，个人可以向全世界喊话，每个人都可以把微博当作一个“自媒体”，形成一个自己的受众群落，用微博的方式，随时随地将个人的所见所闻以自己喜欢的方式发布给自己的“受众”。当然，博友既可以通过所关注的对象去阅读自己感兴趣的信息，还可以对此进行信息反馈，在其他用户的微博主页上直接发表自己的看法，也可以用转发的方式把信息扩散出去。这样一来，不仅可以让很多人聚集起来同时关注一件事，使个人的微博迅速地成为一个话题讨论和舆论关注中心，而且这种扩散力和影响力还会以几何级倍数进行增长，力量不可小视。

●传播具有互动性

微博与传统媒体及博客、论坛等新媒介相比，最大的特点是实现了一种真正意义上的双向互动传播。微博上的信息传递，包含了一对多、多对一、多对多等多种信息传播形式。微博在文字表述上虽然只有短短的140个字，但通过超链接、图片和视频，每条微博都可以有丰富的延伸。它在给予使用者简便的阅读体验和自由的同时，也提供了多元、多层次和多角度的扩展性能。有人把微博比喻成一个很大的QQ群，它为用户提供了一个更宽广的社区性服务。在微博上，用户既可以交友、聊天、分享心情，还可以找到志同道合的朋友。互动交流方面，微博比其他媒介更亲民更平等。

●内容的趣味性和原创性

微博可以利用多种网络平台进行信息的发布和传播。因此，博主们可以随时自由地记录自己生活中发生的点点滴滴的事情。虽然微博在文字数量上受到一定的限制，但可以加上相关的图片和视频，还是可以拥有相当的影响力和传播力。微博的内容短小精炼，其重点在于分享现在正在发生的有趣或者有价值的事情，而不是系统的、严谨的企业新闻或产品介绍，而且越是原创的、别人不知道的、有趣味的，转发率越高。

3. 微博的分类

随着微博的迅速发展，微博客已经成为了一种全民关注的传播媒体。那么，哪些人在玩微博呢？按照玩微博的人群来划分微博的话，主要有以下几种。

●名人微博

新浪微博有一个名人风云榜，上面影视名人占到 50% 以上。影视名人的声音基本上是他们生活基本状态的简单描述，或者是点点人生感悟，或者是利用某些信息传递爱、环保等。那些影视圈年轻的微博名人则喜欢用少量文字加上图片的方式传递信息；年纪稍大一些的使用的文字则比较多。

在新浪微博名人风云榜上学术界的微博名人约占 20%，其中男性占大部分，他们主要是利用其学术上的专长发表对政治、经济的看法，或者讨论如何治理国家等。他们的语言表达比较专业，措辞也比较讲究。

在新浪微博名人风云榜上企业界名人占 20% 左右，剩余的 10% 是其他方面的人群。企业界名人也是男性居多，虽然也有政见发表，但是多以幽默、调侃、贴近生活的方式发布信息。

●草根微博

从新浪微博排行榜上看，占据着重要位置的还有一些草根名博，“冷笑话精选”就是其中最著名的草根名博之一，其粉丝曾经超过了 200 万，与很多明星排行榜的名人相比毫不逊色，不仅如此，许多明星还是他的忠实粉丝。

在微博中，还有一些是属于意见搜索类的微博，这些博主收集了大量关于自己主题的信息，例如，分享来自世界各地的各种好吃、好玩、好笑的前沿信息，转发一些星座的八卦等。其实，在这些草根微博的背后往往有专业的团队在打理。他们会针对某一个主题策划一个用户名，然后针对这一主题网罗信息、吸引粉丝的关注，正是由于专业的策划，他们的粉丝数才会比一般的个人要高一些。

●企业微博

微博的传播功能很快就被一些企业家发现了，于是很多企业开始在微博上安营扎寨，寻找机会。戴尔公司是全球的知名企业，也是最早利用微博进行营销的企业之一。戴尔公司发现在传统媒体发布信息的速度已经无法满足当前消费者的需求，而且花费的人力和资金成本也很大，于是，国外最大的微博网站 Twitter 就进入了他们的视野。戴尔在 Twitter 上注册多个账号，每个账号与专门的内容对应，如：产品信息的账号只发产品信息，促销信息账号只发促销信息。这样一来关注产品某一方面信息的粉丝就可以很方便、很快捷地在对应账号上得到自己所需的信息。戴尔自 2007 年 3 月注册 Twitter 后，粉丝量就迅速增长。每年节假日，戴尔便会向 Twitter 上的所有粉丝发送独家折扣大优惠。粉丝获得的折扣礼券，可以链接到专门的网页，享受订购产品时的优惠。戴尔通过 Twitter 取得了不错的业绩，随后 2010 年 3 月 7 日，戴尔中国在新浪微博上上线。

国内也有不少企业在取得了不错的业绩的同时，还获得了良好的口碑。如中国东方航空股份有限公司。2010 年 5 月 31 日，该公司正式启动了“凌燕带你游世博”活动。微博是这一活动的主要平台。这一活动的具体内容是：首先通过新浪微博平台选取 10 名东方万里行的幸运网友，参加由东航组织的世博游活动，由 10 名东航空中志愿者对这 10 名幸运者提供一对一的导游服务，活动全程的交通、食宿、世博会门票等全部由东航提供。东航在微博上发起的这一互动活动，引起了年轻用户的极大响应，活动一周内，10 位凌燕发布的召集帖总计获得了 6000 多次的转发，5000 多人次评论。当然，在整个活动过程中还贯穿了“凌燕”这一高端服务品牌将提供优质服务等的信息，在充分“曝光”东航信息的同时，也大大提升了东航的品牌形象。

●政府微博

除了企业，行政部门也加入了微博的行列，各级政府机构纷纷开设政府微博，不仅给公众多提供了一个了解政府机关的渠道，也让政府人员可以更好、更及时地为社会和群众服务。各级党政机关利用微博传播信息、政策，可以及时得到反馈并听到人民最真实的声音。

●媒体微博

微博一出现，各大传统媒体包括报纸、杂志、网站等也都纷纷开通了微博。传统媒体内容选取的范围很大，可以发布明日重磅稿件预告、突发新闻事件直播、已见报稿件网址链接、媒体主办活动的微博宣传等。一些做得比较好的传媒微博，不仅仅是把传统媒体的内容搬到了微博上，还根据微博的传播特点而特别定制了一些适合微博传播的内容。这样一来，微博的亮点和特点就体现出来了。一些媒体直接将市场活动搬上了微博，如抽奖、问卷调查、有奖问答等。

4. 发现微博的营销价值

微博的备受关注，也引起了商家的注意，更引发了不少企业的无限创意。微博的价值也得到了不断的发挥。

●开拓客户圈子

微博是一个互动的平台，微博的营销价值主要是通过企业微博来体现的，企业可以通过企业微博和消费者互动来扩大企业的客户圈子。

在微博上，圈子里的人可能是通过各种不同的渠道认识的，有一部分原来就是朋友，也有一部分是通过标签寻找的。这些人构建了一个基于标签和共同爱好的新的社交网络——“圈子”。企业则可以通过这些标签来细分市场，也就是划分各种不同的“圈子”，并从中找到自己企业的“圈子”，然后，通过合适的策划来影响自己的目标“圈子”。

● “粉丝”量带来的广告价值

微博粉丝量的增加就相当于媒体受众的扩大，也就是微博这个媒体传播影响的不断扩大。可以这样说，“粉丝”量就意味着广告价值。对于这一判断有这样一个比喻：“粉丝超过100，就好像一本内刊；超过10万，就是一份都市报；超过100万，就是一份全国性的报纸；超过1000万，就是电视台；超过1亿，就是CCTV。”这尽管是一个比喻，但是却让我们更好地理解了微博的广告价值和传播影响力。

事实上，微博广告的具体报价也是按照“粉丝”数量来划定界限的。微博的“粉丝”数量在10万人以下的，一般报价最低的是200元/条；微博的“粉丝”数量在10万到30万之间的，一般报价为500元到800元/条；微博的“粉丝”数量超过30万，一般报价是1000元/条；微博“粉丝”数量接近50万的，一般报价为1500元/条；微博“粉丝”数量超过60万的，一般报价为2000元/条。由此可见，微博的“粉丝”数量相当于“金子”了。

此外，随着微博的发展，微博营销价值不断彰显。促使一大批微博营销类的网站兴起，其中“微传播”网站就是一个典型的代表。它搭建了一个微博与营销互动的平台，博主可以根据自己的喜好领取任务，并完成任务，然后领取奖金。

●互动引起共鸣，带来的品牌感知价值

在购买产品、发表产品评价时，相比较而言，微博更加自由、随性，当然，也更真实，更贴近生活。这在草根名人和微博达人的微博上表现得很明显，这些人对产品的评价往往是自身的体验。发布的信息带着强烈的感情色彩，爱憎分明，往往还附带有图片或者视频，所以很容易引起观看者的共鸣。

微博上充满个人感情的语言，非常容易引起“粉丝”的共鸣，并因此带动“粉丝”参与，带

来销售量，带来业绩。旅游是一个比较适合微博运作的行业。其中有一个旅行微博就这样进行旅游景点介绍：中国有很多小镇，其中最迷人的小镇有八个，最美的地方——西塘；人间天堂——丽江古城；现代桃花源——水墨婺源；风雨边城——凤凰古城；人间天上，天上人间——九寨沟；保存最完整的古县城——平遥；东方艺术之都——敦煌；西部第一村——新疆布尔津白哈巴村。这条消息用最简单的词语和短句对各个旅游景点进行介绍，高度概括了这些地方的特色，语言优美、脱俗并富有意境，让人心生涟漪，浮想联翩，一发布就被转发了1169次，还有114条评论。

●微博影响消费观念

微博在加快传播速度、方便传播、彰显营销价值的同时也影响了消费者的消费观念，体现在以下两点。

首先，借助情感故事引领时尚，吸引年轻消费者尝试创新产品。在某微博上有这样一个爱情故事：一对异地恋人每天都在陌陌上聊天，上面显示的距离一直都是1648km。有一天，女孩实在受不了这种相思之苦就提出了要分手，男孩只是沉默不语。晚上女孩回家后，又习惯性地打开陌陌并进行了刷新，惊奇地发现男孩距离她竟然只有 1.1km。她再次刷新，只有 0.9km。她一下子就明白发生了什么，眼含热泪向门口跑去……就这样一个几乎没有太多情节的爱情小故事在新浪微博上被转发了十几万次。当然，“陌陌”这款产品也随着微博的转发、传播而在年轻人中传播开来。

其次，利用富有哲理的语言改变人们的文化价值观。现代社会人们的生活节奏在不断地加快。在快节奏的生活中，人们往往忽略了自己内心深处的声音，没有时间停下来听听自己的声音。有一个微博写了这样的一段话：“不要忘记，你的心到哪儿，你的宝藏就在哪儿。你必须找到你的宝藏，否则你在途中发现的一切便全都失去了意义。”这段话触动了人们心灵深处最柔软的部分，在其发布后 1 小时之内就被转发了 163 次，并出现了 23 条评论。人们希望用这样的话来缓解疲劳了一天的身体和略感沉重的心情。类似于这样的微博信息每天都有很多条，微博通过这样一种自由轻松的传播方式在不知不觉中影响、改变了人们的生活方式和文化价值观。

三、微信：微时代的加速器

微信是腾讯控股有限公司深圳信息技术公司在2010年10月筹划启动，由腾讯广州研发中心产品团队打造的一款新的即时通信产品。作为一款即时通信软件，微信的强大威力，我们有目共睹。在产品策划的邮件中，腾讯公司总裁马化腾确定这款产品的名称叫作微信。微信起步时仅通过QQ账号体系来导入关系链，之后才通过导入手机通信录来获取用户。

1. 微信的传播特点

微信是在2011年1月20日由腾讯公司推出的一个为智能手机提供即时通信服务的免费应用程序。

●什么是微信

微信是一款可以通过网络快速发送语音短信、视频、图片和文字，支持多人群聊的手机聊天软件。通过微信，用户可以与好友进行多种形式的联系，例如，可以进行类似于短信、彩信等方式的联系。当然，微信软件本身是免费的，使用该软件的任何功能都不会另外收取费用，但是运用微信软件时会耗费上网流量，这些流量费也是由网络运营商收取。

微信软件一推出，就吸引了广大用户。2013 年 1 月 15 日晚，腾讯微信宣布，微信用户已经达到 3 亿，这时微信刚走过近两年的时间。如果说之前 PC 端的聊天工具为 QQ，那么，现在乃至将来手机端的聊天工具则为微信，它覆盖了 80% 移动互联网市场。

●微信的传播特点

从传播上来看，微信具有哪些特点呢？微信作为一个软件依附于手机，其支持的智能手机有 iOS、Android、Windows Phone、blackberry 和塞班平台。

首先，从传播主体来看：一、微信的传播主体即用户群体更加精确，它主要依托智能手机等移动平台，手机 QQ 用户是其主力军；二、微信的传播主体呈现出年轻化、高学历的特点；三、微信中信息传受双方的关系更加亲密。腾讯本身的用户资源就拥有很强的感性意识和情感黏性，在这种传播模式中，传受双方的关系自然更加亲近和密切。

其次，从传播的内容来看：一、微信的传播内容具有私密性和即时性的特点，由于传播者和接受者之间的特殊关系，微信交流的信息的内容也更为私密，另外，微信整合了 QQ 和微博的功能，其内容发布更为迅速具有即时性；二、微信的传播方式具有多元化的特点。可以语音聊天，发送信息、音乐、视频等。

再次，从传播媒介来看：一、微信是以智能手机终端为主要载体的移动媒体；二、微信本身不收费用，用户只需要花费流量费。

又次，从受众上来看：一、社交圈归为近距离（熟人交际圈）、中距离（1000 米交际圈）和远距离（陌生人交际圈）三类；二、微信通过实现三个层面的全面覆盖，形成了全方位、立体化的社交网络，因此，用户可以根据需要更加精确化地分配社交精力。

最后，从传播效果来看：一、微信的主打是语音聊天，也就是通过声音来传达情感，相对于单纯的文字，这能够更好地把握传受双方的心理，具有更大的传播优势。

当然，微信也有不好的一面，为网络犯罪创造了条件，许多不法分子又多了一条犯罪的途径。他们通过微信窃取他人财产，甚至威胁他人的生命安全。

●微信与微博的区别

作为微时代新的个人即时通信工具，微信与微博有以下几点区别。

首先，微信更具私密性。在微博上，“粉丝”可以看到其所关注的用户发布的相关信息，而微信发布的信息仅仅停留在传受双方的移动终端上，只有传受双方可以看到听到，其他用户无法在自己的界面获知。

其次，微信更能传达对话者的心情。语音聊天是微信的主打，点对点的语音交流类似于直接的面对面的交谈，通过声音来传达情感，能够更好地把握交流双方的心理，与单纯的文字相比更加具有优势。

总体而言，微信具有高到达率、高精准度、高曝光率、高接受率、高便利性、省流量、低成本（CPM）跨平台等优点。正是由于微信具有这些优点，才在全国引起了这样一种微信热。

2. 微信营销的模式及误区

微信营销作为一种新型的营销方式，一经推出立刻得到了众多关注，越来越多的企业、单位和个人开始尝试。

●微信营销的常见模式

（1）查看附近的人

微信的营销模式也是借助于微信的功能进行的。签名栏就是腾讯产品的一大特色，用户可以随时在签名栏更新自己的状态，当然，也就可以在其中加入一些广告强制性地推出去，但这也有一定的局限性，就是只有联系人或好友可见。而微信中基于 LBS 的功能插件“查看附近的人”就比这个范围广多了，还可以使更多陌生人看到这种强制性广告。

微信用户点击微信里面的“查看附近的人”选项后，可以根据自己所在的地理位置查找到周围的微信用户。在找到的这些附近的微信用户的微信上面，除了显示用户姓名等基本信息外，还会显示用户签名档的内容，这就提供了做广告的可能性。

这需要营销人员在人流最旺盛密集地方保持微信后台 24 小时运行，如果这个功能的使用者足够多，就会收到不错的广告效果。签名栏的广告价值随着用户数量的上升会不断地增值。

（2）漂流瓶

微信的漂流瓶是从QQ邮箱移植来的一款应用软件，该应用在电脑上广受好评，很多人喜欢用这种方式和陌生人进行简单的互动。微信上的漂流瓶基本保留了其原始的风格。

漂流瓶功能其实很简单：其一是“扔一个”，用户可以选择在瓶子上发布语音或者文字，之后将瓶子扔入大海，其他用户“捞”到之后就进行对话；其二是“捡一个”，就是主动地到大海里面“捞”漂流瓶，“捞”到后也可以和扔漂流瓶的人进行对话，但每个用户每天只有20次机会。

漂流瓶的参数，微信官方是可以修改的，通过更改可以使合作的商家推广的活动在集中的时间段内漂流瓶的数量大增，这样其他用户“捞”到漂流瓶的概率就会增加。因此，企业如果运用得当，一定会产生非常不错的营销效果。另外，“漂流瓶”模式还可以发送不同的文字内容甚至语音小游戏等，这种语音的模式，也会给用户更加真实的感觉。当然，如果只有广告的内容，也容易引起用户的反感。

（3）扫一扫

扫一扫是微信的另外一个功能，微信的这个功能是“参考”国外的一款社交工具“LINE”的，用来扫描识别另一位用户的二维码身份从而添加为好友。从如今的发展来看，二维码的商业用途越来越多了，所以，微信也就顺应潮流结合 O2O 展开商业活动。

微信用户只需将二维码图案放在取景框内，微信会找到好友企业的二维码，之后将可以获得成员折扣、商家优惠抑或是一些其他信息咨询。

移动应用中加入二维码扫描，然后给用户提供商家折扣和优惠，这种 O2O 方式早已普及开来。而类似的 APP 在应用超市中也多到让你不知如何选择，坐拥上亿用户且活跃度足够高的微信，其价值自然是不言而喻的。

（4）微信公众平台

其实，对于大众化媒体、明星以及企业来说，微信的开放平台 + 朋友圈的社交分享功能的开放，已经使得微信成为了一种移动互联网上不容忽视的营销渠道。那么，让这种营销渠道进一步细化的就是微信公众平台的上线。

公众平台通过一对一的关注和推送，可以向“粉丝”推送新闻资讯、产品消息、最新活动等消息，甚至能够完成包括咨询、客服等在内的功能，可以说是一个称职的 CRM 系统。微信公众平台的上线，为用户提供了一个基于过亿微信用户的移动网站。

可以将公众号的二维码发布出去，这样微信用户就可以随手订阅公众平台账号，然后通过用户分组进行控制，平台方可以进行精准的消息推送，将消息直接送达到目标客户那里。之后，还可以借助个人关注页和朋友圈，实现企业品牌的病毒式传播。

（5）开放平台 + 朋友圈

微信 4.0 版本推出了一个新功能：微信开放平台。应用开发者可通过微信开放接口接入第三方应用，还可以将应用的 LOGO 放入微信附件栏中，让微信用户方便地在会话中调用第三方应用进行内容的选择与分享。

在电商中，社交分享一直都是热门的话题。在移动互联网上，用户可以通过微信把一件商品一个接一个地传播开去，达到社会化媒体上最直接的口碑营销的效果。

此外，微信 4.0 版本中的新功能“朋友圈”分享功能的开放，为分享式的口碑营销提供了一种最好的渠道。微信用户可以将手机应用、PC 客户端、网站中的精彩内容快速分享到朋友圈中，并支持网页链接方式打开。

●微信营销的误区

微信营销的优势大家都看到了，很多企业也都开始尝试了。但是，在进行微信营销的时候，稍不留意就可能陷入误区。经过对现在企业的微信营销进行总结，我们发现企业在开展微信营销的时候，最容易陷入以下几个方面的误区。

（1）对微信营销过度依赖

当今是一个多元化营销的时代，任何商品做营销都需要多管齐下，线上和线下自然也要配合进行才能取得好的效果。同样地，做微信营销，也不能仅仅依靠微信营销一种方式来完成所有营销全部过程，微信营销应结合其他的营销方式，如视频营销、软文营销、电话营销等，只有将一系列的营销组合才能实现更好的营销效果。

如果只是依靠微信营销这一种方式很难达到一种理想的效果，需要运用一系列营销组合，才能使微信营销发挥更大的威力。

其实，道理很简单。这就好比是作战，战场上有各种不同的作战兵器，每一种兵器都有自己的特点，手枪随身携带，用在 50 米内自卫和突然袭击敌人，非常方便；而冲锋枪是一种介于手枪和机枪之间的武器，比步枪短小轻便，便于突然开火，射速高，火力猛，适用于近战或冲锋。所以，在不同的情境下可以使用不同的武器来达到最终制胜的目的。

和其他营销方式相比较而言，微信营销在长期维持顾客的关系方面具有优势，可以在第一时间联系到顾客，而电话营销却可以在第一时间解答顾客的疑问并且促使成交。视频营销可以在第一时间将顾客的潜在购买欲望激发出来。所以，企业实施的营销策略，应该根据各营销方法的特点，配合微信营销才更加有效。

（2）照抄宣传单的内容

微信推送创作的每一个内容，只有一个目的，就是获取更多“粉丝”的关注。如果每一篇文章后面放上了和企业的宣传单一样内容的广告，一方面内容没有创新，顾客读者没有阅读的欲望；另一方面也是对顾客读者的不尊重。这样做完全没有照顾他们的感受，更不要梦想他们读过之后还会把这些内容分享到朋友圈里面了。

记得曾经有这样一句话：你分享什么样的内容给你的朋友，你的朋友就会怎样看你。所以说在运用微信营销的时候，如果真想留住更多的顾客读者，请首先考虑他们的阅读的体验，不要用任何推销用语。

（3）视读者为傻子

这种想法的典型表现就是用利益引诱读者分享其微信内容，比方说分享了就可以得到免费的赠品。其实，微信朋友圈就是熟人圈，想用利益达到分享的效果是很难的，没有人为了自己得到一个小赠品就“出卖”自己的朋友，因为分享的你的内容都是带有广告性质的内容，读者分享了之后如何面对自己的朋友呢?

此外，如果一个人在自己的微信上长期分享广告，其最可能的结果就是被朋友删掉或者被拉入黑名单。

所以，我们就看到这样一种现象：大家如果看到一篇喜欢的文章，并且是一篇带有广告性质的文章，看到者一定不会将这篇文章分享到朋友圈。如果是一篇不带任何广告的文章，就可能会被分享到朋友圈里。

所以说，这几乎就成了一条潜规则，不要想用自己的熟人圈来做生意，这样做会让你失去很多朋友。微信营销的时候对微信内容的创作也是一样，只有尊重读者的感受的内容，才会得到更多人的分享，获得更多的关注。

（4）无视“粉丝”质量

受“粉丝”数量越多越好思想的影响，很多人进行微信营销的时候，只重视“粉丝”的数量，而“无视”粉丝的质量。于是一些增加微信“粉丝”数量的灰色产业链热火朝天地进行着，淘宝卖微信“粉丝”月收入过万，微信加粉软件更是满天飞，价位不等从100元至1万元的软件都有。其实，懂营销的人都知道，只有目标客户才会产生价值，成交中80%取决于顾客对产品需求的强度，不是目标用户就不会认可产品的价值，自然谈不上购买产品了。

和相亲找对象一样，必须志同道合才能擦出火花。如果一个男人是老实本分的并有一份稳定的工作，就想这样安安稳稳地过一辈子，肯定也是想找一个工作稳定、性格随和的人安安静静地过日子。如果相亲的对象是一个有着追求、不甘平凡的女人，这样的两个人能擦出火花吗？能过上安稳的生活吗？答案自然是否定的。因为他们不能相互吸引。其实这和做营销是一样的道理，如果我们的产品不能吸引潜在的顾客，这些顾客自然也不会购买。所以，如果产品或者你的营销内容没有吸引力，购买再多的粉丝也没有价值，重视粉丝的数量的同时更要重视粉丝的质量，因为，只有高质量的粉丝才有价值，才能够真正转化为企业的利润。

（5）"逮谁咬谁"营销法

不仅仅是微信，QQ中也有，很多人加你为好友，不是想认识你和你交朋友，而只是想向你推销产品。有人将这种营销方式称为疯狗营销或者逮谁咬谁方法。在微信上有不少人在运用这样的营销方法，其实，这样的运作与微信交朋友的工具性质相违背。

虽然已经有不少企业在尝试运用微信做营销，但是作为一个新生事物，微信营销还处于探索阶段，企业在探索的时候，一定要注意尽可能地避免上面所讲到的几个营销误区，才能将微信营销做好！

参考文献

1. 林景新著 . 创意营销传播：营销 3.0 时代的制胜之道 . 辽宁科学技术出版社，2009.03.

2. 邓建国著 . 强大的弱连接中国 WEB2.0 网络使用行为与网民社会资本关系研究 . 复旦大学出版社，2011.12.

3. 杨雄主编 . 网络时代行为与社会管理 . 上海社会科学院出版社，2007.10.

4. 周庆山著 . 传播学概论 . 北京大学出版社，2004.9.

5. 闫岩编著，“微力”无穷微博时代的实时营销与公关 . 台海出版社，2012.01，第 216 页 .

6. 林伦伦著 . 新词语漫话 2012. 花城出版社，2013.02. 第 98 页 .